日本語ライブラリー

古典文法の基礎

沖森卓也
[編著]

山本真吾

永井悦子
[著]

朝倉書店

執　筆　者

沖　森　卓　也*　　立教大学文学部

山　本　真　吾　　　白百合女子大学文学部
　　　　　　　　　　（1.2,　3.1,　3.2,　4.1〜4.4,　6.1〜6.7）

永　井　悦　子　　　玉川大学リベラルアーツ学部
　　　　　　　　　　（2.1〜2.4,　5.1〜5.7）

*は編著者，（　）内は執筆担当項目

はじめに

　古典は，時代を超越した尊重されるべき規範であります．ただ，古典語を原文で読解することは容易ではありません．そのため，現代語訳によって読んだ経験をもつ方も多いことでしょう．もちろん，翻訳がいかなる場合にも問題視されるわけではありませんが，翻訳とは翻訳者が原文の行間を読み解いた理解の上に成り立っています．それも解釈の一つではあるものの，読み手が独自に主体的に解読しようとする場合，その古典語の体系と構造を修得していることが前提となります．

　日本の古典語は平安時代の言語に基づいています．近代に至るまで，それぞれの時代の言語の影響を受けつつも，文語として幾多の古典に用いられてきました．古典語は現代語と様相を異にはしますが，古典語が変化して現代語となったものですから，この両者には本質的に連続性が認められます．文を成り立たせる規則である文法は抽象的な面が多く，かつ体系としての理解が必要ですから，習熟するには少なからぬ時間を要します．しかし，古典文法には現代語との有縁性，対照性が認められるのですから，この両者は別のものではなく，類似するもの，対応するものという観点に立つべきでしょう．

　本書は，高校における古典の学習を再確認し，その文法的基礎力を継続させるとともに，さらに発展させるために編集しました．［補説］にはそのような発展的な事項を中心に記し，また，実践力を養うために練習問題もなるべく多く収載しました．そして，古典語が身近に感じられるように横書きで表記するという試みも行いました．本書を通して，多くの方々が古典文法の基礎力を高め定着させることができるように，そして，古典に対する正しい解釈を主体的に導き出せるように心から願っています．

2012年2月

沖森卓也

目　　次

第１章　総　　説 …………………………………………………… 1
1.1　古典語の読解　*1*
1.2　古典語と歴史的仮名遣い　*3*
1.3　単語と品詞分類　*6*

第２章　用　　言 …………………………………………………… 8
2.1　用言と活用形　*8*
〈未然形　*8*／連用形　*9*／終止形　*9*／連体形　*9*／已然形　*10*／命令形　*10*〉
2.2　動　詞　*11*
〈四段活用　*12*／ナ行変格活用　*12*／ラ行変格活用　*13*／下一段活用　*13*／下二段活用　*13*／上一段活用　*14*／上二段活用　*14*／カ行変格活用　*15*／サ行変格活用　*15*〉
2.3　形容詞　*18*
〈形容詞活用の種類　*18*／形容詞連用形の注釈的用法　*19*／形容詞語幹の用法　*19*〉
2.4　形容動詞　*22*
〈形容動詞活用の種類　*22*／形容動詞語幹の用法　*23*〉
2.5　活用の整理　*24*
〈動詞活用の整理　*24*／動詞活用の史的変遷　*25*／形容詞活用の整理　*26*〉
■コラム　動詞活用のまぎれやすい行　*27*

第３章　体　　言 …………………………………………………… 28
3.1　名　詞　*28*
3.2　代名詞　*28*
〈人代名詞　*29*／指示代名詞　*30*〉
3.3　体言化　*31*

第４章　副用語 …………………………………………………… 33
4.1　副　詞　*33*
〈状態（情態）副詞　*33*／程度副詞　*33*／陳述副詞　*34*〉
4.2　連体詞　*35*

4.3　接続詞　*35*

〈条件的接続　*35*／対等的接続　*36*〉

4.4　感動詞　*36*

■コラム　連体詞・接続詞の語構成　*37*

第5章　助動詞 …………………………………………………… 38

5.1　助動詞とその分類　*38*

〈意味による分類　*38*／接続による分類　*39*／活用の型による分類　*39*〉

5.2　未然形接続の助動詞（Ⅰ）（る　らる　す　さす　しむ）　*40*

5.3　未然形接続の助動詞（Ⅱ）（む　むず　まし　まほし　ずじ）　*44*

5.4　連用形接続の助動詞（Ⅰ）（き　けり　つ　ぬ）　*51*

5.5　連用形接続の助動詞（Ⅱ）（たり　けむ　たし）付. 命令形接続の助動詞り　*55*

5.6　終止形接続の助動詞（らし　らむ　べし　まじ　めり　なり）　*58*

5.7　連体形・体言接続の助動詞（なり　たり　ごとし）　*66*

5.8　連語の助動詞　*71*

〈完了と過去にかかわる表現　*72*／推量にかかわる表現　*73*〉

第6章　助　　詞 …………………………………………………… 75

6.1　助詞とその分類　*75*

6.2　格助詞（の　が　を　に　へ　と　より　から　にて　して）　*76*

6.3　接続助詞（ば　とも　と　ども　ど　に　を　が　て　して　で　つつ　ながら　ものの　ものを　ものから　ものゆゑ）　*87*

6.4　係助詞（は　も　ぞ　なむ　や　か　こそ）　*99*

6.5　副助詞（だに　すら　さへ　し　のみ　ばかり　まで　など）　*105*

6.6　終助詞（ばや　なむ　てしが　にしが　もがな　そ　な　ぞ　かな　か　は　も　かし）　*109*

6.7　間投助詞（や　よ　を）　*115*

■コラム　上代語の助詞［追補］　*117*

第7章　敬　　語 …………………………………………………… 118

7.1　敬　　語　*118*

7.2　敬語の種類　*119*

〈尊敬語（為手尊敬）　*119*／謙譲語（受け手尊敬）　*120*／丁寧語（聞き手尊敬）　*122*〉

7.3　敬語の表現形式　*124*

7.4　注意すべき敬語表現　*127*

〈二重尊敬（最高言語）　*127*／二方向に対する敬意　*128*／話し手自身に対する敬意　*130*

／絶対敬語　*131*〉
　　■コラム　敬意の高低を言い表す表現形式　*132*

第8章　特殊な構造の文 …………………………………… 133

　8.1　引用のことば　*133*
　〈会話文　*133*／手紙文（消息文）　*133*／思う内容（心中思惟）　*134*〉
　8.2　はさみこみ（挿入）　*135*
　〈終止形で終わる語句の挿入　*135*／係り結びとなっている語句の挿入　*135*／
　その他　*136*〉
　8.3　倒置と省略　*137*
　〈倒置　*137*／省略　*137*／結びの消滅　*138*〉
　8.4　格関係の解釈　*139*
　〈主語・目的語の無表示　*139*／主語の転換　*140*／はだか格　*140*／「は」の主題化　*141*〉
　8.5　修飾成分の解釈　*142*
　〈「に」の場合　*142*／「を」の場合　*143*〉
　■コラム　文法要語略解　*145*

参 考 文 献 ……………………………………………………… 147
索　　　引 ……………………………………………………… 149

本書を読むにあたっての注意点

1　用例は，一文が長い場合は一部省略した場合がある．
2　出典の示し方はなるべく簡略にして，段数や巻数は数字のみを，和歌集の場合は国歌大観の番号を示すにとどめた．
3　現代語訳は〈　　〉で示した．
4　［補説］はそれぞれのテーマを深めるための発展的な内容を中心に記述した．したがって，古典文法の初歩を終えた学習者はここから読み始めるのもよい．
5　時代区分の名称としての「上代」は，奈良時代以前をさす．
6　練習問題をなるべく多く設けた．そのうち，「文法的に説明しなさい」という問いは，品詞や意味，また，活用がある語についてはその活用形，ある語の一部である場合はその語などについて答えるものとする．
7　索引には，文法用語，ならびに助詞・助動詞の語を，本文だけでなく【補説】で言及した箇所も含めて明示した．

第1章
総　　説

1.1　古典語の読解

　ことばは，その伝達手段によって，音声による話しことば（音声言語）と，文字による書きことば（文字言語）とに大きく分けられる．また，話しことばは口語とも言い，歴史とともに徐々に変化するのに対して，書きことばは文語とも称されて，後世から仰ぎ貴ばれる時代のことばを模範として文章を書き記すときに用いられるものでもある．

　日本語では，平安時代の話しことばが手本とされ，書きことばとして用いられてきた．その書きことばには，鎌倉時代以降の話しことばの要素も混じっているが，全体としては，平安時代のことばから大きく隔たることはなかった．こうした平安時代の話しことばに基づく，古典で用いられる言語体系を「古典語」という．

　古典語は現代語の母胎であり，その違いは音韻・語彙・文法などに見られ，このうち，音韻は仮名の表記に反映されており，歴史的仮名遣いを通して知ることができる．語彙については，個々の語においてそれぞれの変遷があるため，その違いを一般化することは容易ではない．『源氏物語』に使われた単語は，和語が9953語，漢語が1008語，混種語が462語という調査[1]があるが，それらには複合語や派生語も含まれており，現代語と意味が異なるような基礎的な単語はしっかりと把握しておく必要がある．特に，類義語，たとえば，不安で気がかりなようすを表す「おぼつかなし」「こころもとなし」「うしろめたし」などという類は，その微妙な意味の違いをおさえておくべきである．

　文法とは，ことば（単語）の使い方についての決まりを指す．時代とともにことばは変化していくということは，文法も時代によって異なるということである．すなわち，古典語を読解するためには，その文法，すなわち古典文法をまずは理解しておかなければならない．そして，それは単にことばの意味がわかるというだけではなく，その表現意図や行間から汲み取るべき意味，当時の人々の考え方・風俗・習慣などを

---

[1] 宮島達夫『古典対象語い表』笠間書院（1971）による．

読み取るためでもある．古典の読解をさらに深めるためには，古典文法の基礎を十分に理解しておくことが必要不可欠である．

【補　説】
a 《散文と韻文》文章には，音のリズム（音数）に制限のある韻文と，その制限のない散文とがある．韻文は5音と7音の組合せを中心としている．
b 《和歌の修辞法》韻文である和歌には次のような特殊な表現が用いられた．
　(1) 枕詞……比喩・修飾・掛詞などによって，語調を整えて特定の語に結びつける語句（個人の創造は許されない．5音が多いが，4音・3音もある）．
　　　　しろたへの→雪・雲　　ひさかたの→天・空・光・月　　秋の田の→いね（「稲」と「去ね」）　　そらみつ→大和　　をたて→大和
　　例）ちはやぶる神代も聞かず龍田川からくれなゐに水くくるとは（古今集　294）〈神代の話にも聞いていない，龍田川で紅色に水を絞り染にするなどということは〉〔「千磐破る」は「神」の枕詞〕
　(2) 序詞……比喩や同音・類音，掛詞などによって特定の語句を導き出すために置く語句（ふつう二句以上で，長さも表現も自由に創造される）．
　　例）陸奥のしのぶもぢずり誰ゆゑに乱れそめにし我ならなくに（古今集　724）〈陸奥で産するしのぶもじずりの模様が乱れているように，私の心が乱れてしまったが，あなた以外の誰のせいでもない，あなたのために思い乱れるのです〉〔「みちのくのしのぶもぢずり」は「乱れ」の序詞〕
　(3) 掛詞……同音異義語を利用して，一語に複数の意味をもたせるもの（イメージが重層化し交錯することによって，意味内容が豊かになる）．
　　例）花の色は移りにけりないたづらに我が身世にふるながめせし間に（古今集　113）〈桜の花の美しさは賞美されることもなく，空しくあせてしまったことだなあ．長雨の降り続いている間に．私自身もまた，空しく女の盛りが過ぎてしまったことだ．ぼんやりと物思いをして暮らしている間に〉〔「ふる」は「降る」と「経る」，「ながめ」は「長雨」と「眺め」の掛詞〕
　(4) 縁語……一つの語に意味上関連の深い一連の語を配置するもの（縁のある言葉が互いに関連し合い，文脈とは別におもしろみや情趣を添える）．
　　例）から衣きつつなれにしつましあればはるばるきぬる旅をしぞ思ふ（古今集　410）〈いつも着なれた唐衣のように，なれ親しんだ妻が都にいるので，はるばるやってきたこの旅のつらさが思われる〉〔「なれ」に「慣れ」と「萎れ」（＝着物がなじんでくる），「つま」に「妻」と「褄」，「はるばる」に「遥々」と「（衣を）張る」，「き」に「来」と「着」を掛けて，「唐衣」を中心に「萎れ－褄－張る－着る」が縁語となる〕

このほか，和歌の技法には本歌取り（古い歌の発想や趣向を取り入れて，新しく表現する手法），歌枕（古くから歌に詠み込まれた有名な各地の名所・旧跡のこと．歌をささえる枕のような働きをしているところからいう），折句（各句の初めに，物の名や地名を一字ずつ置いて詠み込む技巧）などがある．

練習問題1

次の歌はいずれも『百人一首』に見える歌である．どのような和歌の修辞法が用いられているか，指摘しなさい．

(1) ぬばたまの夜のふけゆけば久木生ふる清き川原に千鳥しば鳴く（万葉集 925）[2]
(2) 浅茅生の小野の篠原忍ぶれどあまりてなどか人の恋しき（後撰集 578）
(3) あしひきの山鳥の尾のしだり尾の長々し夜を一人かも寝む（拾遺集 778）
(4) 大江山いく野の道の遠ければまだふみもみず天の橋立（金葉集 550）
(5) みかの原わきて流るるいづみ川いつ見きとてか恋しかるらむ（新古今集 996）
(6) 玉の緒よ絶えなば絶えねながらへば忍ぶることの弱りもぞする（新古今集 1034）[2]
(7) 風そよぐならの小川の夕暮れはみそぎぞ夏のしるしなりける（新勅撰 192）

1.2 古典語と歴史的仮名遣い

現代語と古典語では発音が違うことがしばしばある．そのため，ことばを書き表す場合の仮名遣いにも現代とは異なる点が生じるのである．古典語に用いる仮名遣いは10世紀後半の音に基づくもので，これを「歴史的仮名遣い」と呼ぶ．歴史的仮名遣いで書かれた文章は，現代語の発音に従って次のように読む．

(1) 語頭以外のハ行音

　　は→ワ　　ひ→イ　　ふ→ウ　　へ→エ　　ほ→オ

　〔例〕けはひ→ケワイ　　いきほひ→イキオイ　　いへ→イエ

　　　にほふ→ニオー（「ふ」がオ段音に続く場合，仮名遣いの上では「におう」などとなるが，発音はオ段長音になる）

(2) 母音が連続する場合，もしくは母音に「ふ」が付く場合

　　あう・あふ→オー　　かう・かふ→コー
　　いう・いふ→ユー　　きう・きふ→キュー
　　えう・えふ→ヨー　　けう・けふ→キョー

　〔例〕たまふ→タモー　　　　　さふらふ→ソーロー
　　　うつくしう→ウツクシュー　けうらなる→キョーラナル

(3)「くわ」「ぐわ」

　　くわ→カ　　ぐわ→ガ

　〔例〕くわんにん（官人）→カンニン　　ぐわん（願）→ガン

---

[2] 以下の歌の作者は，(1) 山部赤人，(2) 源 等（参議 等），(3) 柿本人麻呂，(4) 小式部内侍，(5) 藤原兼輔，(6) 式子内親王，(7) 藤原家隆である．

このほか，歴史的仮名遣いでは次の仮名（音節）を区別する．

　　「い」と「ゐ」　　「え」と「ゑ」　　「お」と「を」
　　「じ」と「ぢ」　　「ず」と「づ」

古く「ゐ」「ゑ」「を」はウィ，ウェ，ウォと発音されていたため，「い」「え」「お」とは別の仮名が用いられたが，読むときはイ，エ，オと発音する．

　〔例〕ゐど（井戸）→イド　　こゑ（声）→コエ　　をり（折）→オリ
　　　　すぢ（筋）→スジ　　よろづ（万）→ヨロズ

【補　説】
a 《音韻変化》仮名と発音が異なるのは，時代の変遷とともに発音が変化したからである．平安時代からの変化の主なものを次に簡単に記す．
　(1) 語頭以外のハ行音がワ行に転じた．〔例〕かは→カワ
　(2) ワ行の「ゐ」「ゑ」「を」がア行の「い」「え」「お」と同じ音になった．
　(3) 「じ」と「ぢ」，「ず」と「づ」が同じ音になった．
　(4) アウという母音連続もオウという母音連続もともにオ段長音となった（エウという母音連続もオ段の拗長音となった）．
　(5) 「くわ」「ぐわ」という合拗音が直音化して「か」「が」となった．

b 《「ん」の発音》日本語にはもともと撥音はなく，平安時代初めに用いられるようになった．その撥音には [m] [n] の二種があり，[m] は「ん」（もしくは「む」）で書かれたが，[n] はその音を書き表す仮名がなかったため，「なめり」「あべし」のように表記されなかった（読む場合は撥音を補わなければならない）．鎌倉時代になると，[m] と [n] が混同されるようになり，撥音 [n] も「ん」で書き表されるようになった．なお，付属語の語尾の「む」，たとえば助動詞「む」「らむ」「けむ」，助動詞「なむ」などの「む」を現代語で読む場合はふつうンと発音する．

　〔例〕ゆかむ→ユカン　　らむ→ラン　　なむ→ナン

c 《五十音図》日本語の音節表で，同じ母音の仮名を横に，同じ，もしくは類似の子音の仮名を縦に配置した表を「五十音図」という．縦のまとまりを行，横のまとまりを段という．それらをア行・ア段で代表させて，ア行・カ行……といい，ア段・イ段……と呼ぶ．文法上のさまざまな性質を整理する場合，五十音図は有用である．

d 《いろは歌》「いろは歌」は11世紀前半頃に仮名をすべて一度ずつ使って作られた歌である．五十音図が普及する明治時代より前は，語の配列はほとんどイロハ順であった．
　いろはにほへとちりぬるをわかよたれそつねならむうゐのおくやまけふこえてあさきゆめしゑひもせす（色は匂へど　散りぬるを　我が世誰ぞ　常ならむ　有為の奥山　今日越えて　浅き夢見　酔ひもせず）
　〈花の色は美しく咲きにおうが，やがて散ってしまう．私たちの世の中で誰がずっと生き続けられるだろうか．いや，そんな人はいない．この世の迷いから抜けでると，浅はかな夢は見ないだろうし，一時の酔いにひたることもない〉

練習問題2

【1】次の歴史的仮名遣いを読みなさい．
　（1）すゑ　　（2）こひし　　（3）まゐる　　（4）あふみ　　（5）まうす
　（6）をみな　（7）あづま　　（8）せうえう　（9）あうむ　　（10）いうぢょ

(11) おほし　(12) かは　(13) なでふ　(14) せうそく　(15) くわんばく
(16) あはれ　(17) はにふ　(18) てふてふ　(19) れうり　(20) らふそく
(21) よひ　(22) をとつひ　(23) たふす　(24) あふひ　(25) つゑ
(26) わうじ　(27) くもゐ　(28) とをか　(29) つゑ　(30) はうぐわん

[ヒント] (8) は「逍遥」, (9) は「鸚鵡」, (15) は「関白」の字音語. (13) は「何といふ」の転.
(23) は「倒す」, (24) は「葵」の意.

【2】次の文中から, 歴史的仮名遣いに特有の仮名遣いを抜き出しなさい.
(1) からうじて, 鶏の声, はるかに聞こゆるに, (源氏物語　夕顔)
(2) 許さぬ迎へまうで来て, とり率てまかりぬれば, くちをしくかなしきこと. (竹取物語)
(3) むかし, 田舎わたらひしける人の子ども, 井のもとに出でて遊びけるを, おとなになりければ, 男も女もはぢかはしてありけれど, 男はこの女をこそ得めと思ふ. (伊勢物語　23)
(4) 家居の, つきづきしくあらまほしきこそ, 仮の宿りとは思へど, 興あるものなれ. (徒然草　10)

【3】次の文章を読んでみよう. 《『源氏物語』宇治十帖の一節. 薫が宇治の山荘に住まわせた浮舟を, 匂宮は何とかして手に入れたいと思い, 薫を装って宇治に赴く. 匂宮の高貴な香りを薫と勘違いして, 浮舟は匂宮をやすやすと近づけてしまったが, 情熱的な匂宮の愛情に次第に心ひかれていく.》

　いとはかなげなるものと, 明け暮れ見出だす小さき舟に乗りたまひて, さし渡りたまふほど, 遥かならむ岸にしも漕ぎ離れたらむやうに心細くおぼえて, つとつきて抱かれたるも, いとらうたしと思す. 有明の月澄み昇りて, 水の面も曇りなきに, 「これなむ, 橘の小島」と申して, 御舟しばしさしとどめたるを見たまへば, 大きやかなる岩のさまして, されたる常磐木の蔭茂れり. 「かれ見たまへ. いとはかなけれど, 千年も経べき緑の深さを」とのたまひて,

　　年経とも変はらむものか橘の小島の崎に契る心は
女も, めづらしからむ道のやうにおぼえて,
　　橘の小島の色は変はらじをこの浮舟ぞ行方知られぬ
折から, 人のさまに, をかしくのみ何事も思しなす. かの岸にさし着きて降りたまふに, 人に抱かせたまはむは, いと心苦しければ, 抱きたまひて, 助けられつつ入りたまふを, いと見苦しく, 「何人を, かくもて騒ぎたまふらむ」と見たてまつる. (源氏物語　浮舟)

1.3 単語と品詞分類

　言語の単位には，単語（語とも），文節，文などがあるが，一般に，文法は，文がどのような単語や文節によって成り立っているかという，配列や組合せの規則性をとらえるものである．

　単語は，意味をもち，文のなかで独立して用いられる，最小の言語単位である．この単語の単位で，形態・意味・働きなどの上から分類した区分けを品詞という．一般的な品詞分類は，次のようなものであり，古典文法の基礎作業の一つである．

　品詞は，大きく自立語と付属語に分かれ，単独で一文節となることができるものが自立語で，単独では一文節となることができないものが付属語である．その下位分類には，その単語が活用するかどうか，主語となるか，述語となるか，また，修飾語となるかどうか，といった観点から，一般的に10（代名詞を別に立てると11）に分けられる（図1.1）．

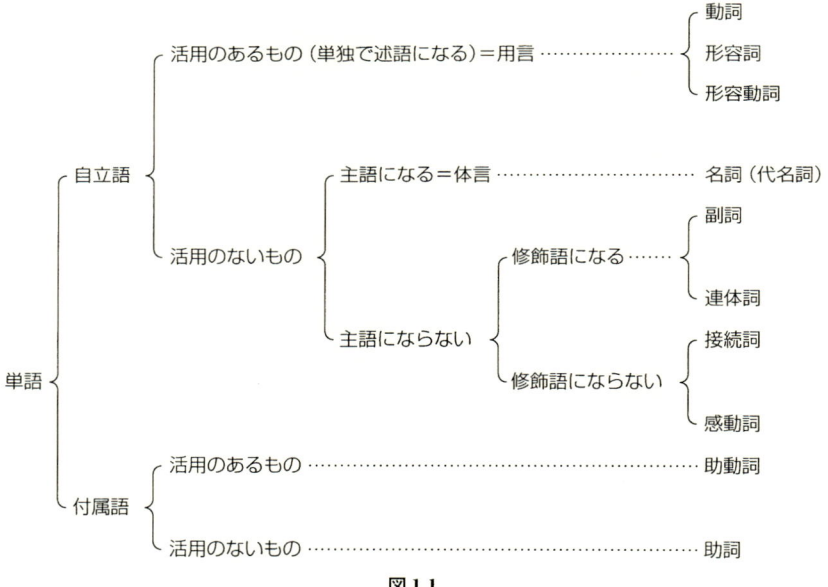

図 1.1

1.3 単語と品詞分類

【補　説】

a 《**言語の単位**》言語の単位には，他に，接頭語・接尾語や段落などもある．より小さい順に並べると次のようになる．

　　　接頭語・接尾語（接辞とも）＜単語（語）＜文節＜文＜段落＜文章

b 《**さまざまな文法学説**》上に示した品詞分類は学校で教えられているもの（一般に「学校文法」と呼ぶ）であり，橋本進吉の学説に基づいているが，文法学説としてはほかに，山田孝雄・松下大三郎・時枝誠記などの考え方に基づくものがあり，さまざまな品詞分類が提示されている．

c 《**文の成分**》文の成分である，主語・述語・修飾語・被修飾語・独立語・並立語・接続語・補助語・被補助語という用語は，文節を単位としており，単語ではない（→ 145 ページコラム）．

練習問題 3

【1】次の下線部の品詞を答えなさい．

(1) やまとうた<u>は</u>，人<u>の</u>こころをたねとして，よろづのことのはと<u>ぞ</u>なれり<u>ける</u>．（古今集　仮名序）

(2) <u>いづれ</u>の御時に<u>か</u>，女御更衣あまたさぶらひたまひけるなかに，いと<u>やむごとなき</u>際にはあらぬが，<u>すぐれて</u>時めきたまふありけり．（源氏物語　桐壺）

(3) いんじ安元三年四月二十八日<u>か</u>とよ．（方丈記）

(4) <u>かくて</u>，翁，やうやう<u>豊か</u>になりゆく．（竹取物語）

(5) 「<u>やや</u>」とおどろかしたまへど，ただ冷えに冷え入りて，息はとく絶えはてにけり．（源氏物語　夕顔）

(6) <u>今は昔</u>，<u>竹取の翁といふもの</u>ありけり．野山にまじりて竹を取り<u>つつ</u>，よろづの事に使ひけり．名をば，さかきの造と<u>なむ</u>いひける．その竹の中に，<u>もと</u>光る竹なむ<u>一筋</u>ありける．<u>あやしがりて</u>，寄りて見るに，筒の中光りたり．それを見れば，<u>三寸</u>ばかりなる人，<u>いと</u>うつくしう<u>て</u>ゐたり．翁言ふやう，「<u>われ</u>朝ごと夕ごとに取る竹の中におはするにて，知りぬ．子になり<u>たまふべき</u>人なめり」とて，手にうち入れて家へ持て来ぬ．

【2】次の下線部を品詞分解しなさい．

(1) そこはかとなく書きつくれば，<u>あやしうこそものぐるほしけれ</u>．（徒然草　序）

(2) 中の庭には，<u>梅の花咲けり</u>．（土佐日記）

(3) いとはづかしと思ひて，<u>いらへもせでゐたるを</u>（伊勢物語　62）

(4) 契りおきしさせもが露を命にてあはれ<u>今年の秋もいぬめり</u>（千載集　1026）

(5) 翁，竹を取ること<u>久しくなりぬ</u>．（竹取物語）

第2章
用　言

2.1　用言と活用形

　自立語のなかで活用があり，単独で述語になることができるものを用言という．動詞・形容詞・形容動詞がこれにあたる．

　たとえば，動詞「知る」は，「我　知らず」「我　知りし」「我　知れども」のように「ず」「し」「ども」といった付属語（助動詞・助詞）が続く場合と，「我　知る」のようにそのまま文が終止する場合とで語形に違いが生じる．このように，語の断れ続きによって語形が変化することを「活用」という．

　また，活用する際，変化しない部分を「語幹」（「知る」の場合は「し」），変化する部分（「知る」の場合，「ら・り・る・れ」）を「活用語尾」という．さらに，変化したそれぞれの形を「活用形」と呼ぶ．

　古典語の活用形には，「未然形」「連用形」「終止形」「連体形」「已然形」「命令形」の6種類がある[1]．「未然形」「連用形」といった名称[2]は，それぞれの活用形が担っている用法のうち，代表的な働きをもとに付けられたものである．

　以下，それぞれの活用形について，用法を整理しておく．

(1) 未然形

①付属語（助動詞「む」「ず」，助詞「ば」など）がつく．
　　例）文を書き置きてまからむ．（竹取物語）〈手紙を書きおいて退出しましょう〉
　　例）命死なば，いかがはせむ（竹取物語）〈命がなくなったら，それはしかたのないことだが〉

　未然形は，付属語を下接する用法しかもたない．推量や打ち消しの助動詞が下接したり，助詞「ば」を伴い仮定条件を表したりすることからもわかるように，この活用

---

[1] 現代語の活用形も6種だが，古典語の「已然形」に代えて「仮定形」が設けられている．
[2] 江戸時代，本居宣長をはじめとした国学者によって活用の研究がすすめられた．宣長門下の東条義門は，『活語指南』で「将然言（未然言とも）・連用言・截断言・連体言・已然言・希求言」という六つの活用形に分類した．現在の活用形の名称はこれを受け継いだものである．

形は，動詞の表す動作や状態が未だ実現していないことを表す．このため「未然形」（未ダ然ラザル形）と名付けられている．

(2) 連用形
①用言に続いて連用修飾語となる（これを連用修飾法という）．
　例）衣着せつる人は，心異(こと)になるなりといふ．（竹取物語）
　　〈天の羽衣を着せられた人は心持ちが変わってしまうという〉
②そこで文を中止する（これを中止法という）．
　例）今日，海荒げにて，磯に雪降り，波の花咲けり．（土佐日記）
　　〈今日は海は荒れているようで，磯には雪降り，波の花が咲いている〉
③名詞のように用いる（これを名詞法という）．
　例）今日，車，京へ取りにやる．（土佐日記）
　　〈今日，車を京へ取るために使いをやった〉
④付属語（助動詞「たり」や助詞「て」など）がつく．
　例）日照りて曇りぬ．（土佐日記）〈日が照って，そののち曇った〉
「連用形」（用言ニ連ナル形）という名称は①の用法による．

(3) 終止形
①文を終止する（これを終止法という）．
　例）船出だして行く．（土佐日記）〈船を出して行く〉
②付属語（助動詞「べし」「らむ」「まじ」など）がつく．
　例）えとどむまじければ，（竹取物語）〈引きとどめることができそうにないので〉
「終止形」は，代表的な①の用法によって付けられた名称である．ただし，②のように助動詞を下接する用法もあり，「終止形」が文終止のためだけに用いられるというわけではない．

(4) 連体形
①体言に続いて連体修飾語となる（これを連体修飾法という）．
　例）その竹の中に，もと光る竹なむ一筋ありける．（竹取物語）
　　〈その竹の中に，根もとが光る竹が一本あった〉
②体言と同じ働きをするものとして用いる（これを準体法という）．
　例）ただ波の白きのみぞ見ゆる．（土佐日記）〈ただ，波の白いのだけが見える〉
③詠嘆など強調する気持ちをこめて文を終止する（これを連体止めという）．
　例）淡路の御の歌に劣れり．ねたき．言はざらましものを．（土佐日記）
　　〈淡路のお方の歌に劣っている．憎らしいねえ．言わなければよかったのに〉
④助詞「ぞ・なむ・や・か」の結びになって文を終止する（→6.4）．

例）女子のなきのみぞ悲しび恋ふる．（土佐日記）
〈娘が死んだことだけが悲しく，したわしく思われる〉
⑤付属語（助動詞「なり〈断定の意〉」「ごとし」，助詞「が」「に」「を」など）がつく．
例）人のほどに合はねば，咎むるなり．（土佐日記）
〈その人の身分に合わないので，聞きとがめるのである〉
「連体形」（体言ニ連ナル形）という名称は①の用法による．

(5) 已然形
①助詞「こそ」の結びになって文を終止する（→6.4）．
例）都にて山の端に見し月なれど波より出でて波にこそ入れ（土佐日記）
〈都では山のはしに見た月であるが，今は波から出て波にはいることよ〉
②付属語（助詞「ば」「ど・ども」など）がつく
例）音には聞けども，いまだ見ぬ物なり．（竹取物語）〈評判には聞いているが，まだ見ていない物だ〉
例）風吹けば，え出で立たず．（土佐日記）〈風が吹くので，出発できない〉
「已然形」（既ニ然ル形）という名称は，「未然形」（未ダ然ラザル形）と対照をなすものである．たとえば，「聞けども」の場合，既に「聞いているけれども」という意となり，既にその行為や状態が成立していることを表している．
　未然形に助詞「ば」が下接すると仮定条件を表し，已然形に助詞「ば」が下接すると確定条件を表す．

(6) 命令形
①命令の意味を表して文を終止する（これを命令法という）
例）しばし待て．（竹取物語）〈しばらく待ちなさい〉
②許容，放任する気持ちで文を終止する（これを放任法という）
例）思ふにはしのぶることぞ負けにける逢ふにしかへばさもあらばあれ（伊勢物語 65）」〈あなたを恋い慕うために，思いを隠そうとする心が負けてしまった．逢うことと引き換えだったら，どうなってもかまわない〉
③付属語（助動詞「り」）がつく．
例）天の羽衣入れり．（竹取物語）〈天の羽衣が入っている〉
「命令形」という名称は①の用法によるものである．

　それぞれの活用形を知るためには，次のような手順を用いるのがよい．

①「ず」「む」（現代語では「ない」）がつく　→　未然形
②「たり」「て」（現代語では「た」「て」）がつく　→　連用形
③ 文を言い切る　→　終止形
④「もの」「こと」がつく　→　連体形
⑤「ど」「ども」がつく　→　已然形
⑥ 命令の意味を表して文を言い切る　→　命令形

練習問題 4

【1】次の下線部の動詞の活用形とその用法を答えなさい．
(1) 今は昔，竹取の翁と<u>いふ</u>ものあり<u>けり</u>．（竹取物語）
(2) 船とく<u>漕げ</u>．（土佐日記）
(3) 雨など<u>降る</u>もをかし．（枕草子　春はあけぼの）
(4) そのをとこ，身をえうなきものに<u>思ひなして</u>，京には<u>あらじ</u>，あづまの方に<u>住むべき</u>国求めにとて行きけり．（伊勢物語　9）
(5) よどみに<u>浮かぶ</u>うたかたは，かつ<u>消え</u>，かつ結びて，久しく<u>とどまり</u>たるためしなし．（方丈記）

【2】次の下線部の形容詞・形容動詞の活用形とその用法を答えなさい．
(1) いと，はかなうものしたまふこそ，<u>あはれに</u> <u>うしろめたけれ</u>．（源氏物語　若紫）
(2) <u>黄なる</u>生絹の単袴，長く着なしたる童の，<u>をかしげなる</u>，出で来て，うち招く．（源氏物語　夕顔）
(3) <u>恋しからむ</u>をりをり，取り出でて見たまへ．（竹取物語）
(4) をかしげなるちごの，<u>あからさまに</u>抱きて遊ばしうつくしむほどに，かいつきて寝たる，いと<u>らうたし</u>．（枕草子　うつくしきもの）

2.2 動　詞

「咲く」「受く」「来」は，いずれも「く」の音で言い切る動詞である．しかし，「ず」「たり」「ども」などの付属語が下接すると，それぞれ次のように形を変える．

咲く　→　咲かず　咲きたり　咲く　咲けども
受く　→　受けず　受けたり　受く　受くれども
来　→　来（こ）ず　来たり　来　来（く）れども

終止形は共通していても，動詞ごとに変化のパターンが異なっていることがわかる．こうした変化のパターンを「活用の種類」と呼ぶ．

古典語の動詞には，こうした活用の種類が九つある．このうち，規則的に変化をす

るものを「正格活用」、不規則に変化するものを「変格活用」と呼ぶ．
　　正格活用……四段活用　上二段活用　下二段活用　上一段活用　下一段活用
　　変格活用……カ行変格活用　サ行変格活用　ナ行変格活用　ラ行変格活用
　古典語動詞全体のなかでは，四段活用に属する動詞が最も多く，次いで下二段活用，上二段活用が多い．これら三つで全体の九割近くを占める．
　以下，九つの活用の種類それぞれについて見ていくことにする．

(1) 四段活用
活用語尾がア・イ・ウ・エの4段にわたるもの．

	語幹	未然形	連用形	終止形	連体形	已然形	命令形
鳴く	な	か	き	く	く	け	け
笑ふ	わら	は	ひ	ふ	ふ	へ	へ

①活用の行は，カ・ガ・サ・タ・ハ・バ・マ・ラの各行である．
　例）咲く・書く（カ行）　泳ぐ・急ぐ（ガ行）　指す・申す（サ行）
　　　持つ・待つ（タ行）　思ふ・問ふ（ハ行）　及ぶ・遊ぶ（バ行）
　　　読む・摘む（マ行）　取る・宿る（ラ行）
現代語で「歌う」「笑う」のようにワ行五段活用に所属する動詞は，古典語ではハ行四段に活用する．
②連用形は，「て」「たり」や他の用言に続く場合，次のような音変化を起こすことがある．こうした音変化を「音便」という（→16頁補説b）．
　例）猫のいと和う鳴いたるを，（更級日記）〈猫の，非常に親しげに鳴いているのを，〉

(2) ナ行変格活用
活用語尾がア・イ・ウ・エの4段にわたるとともに，連体形が「ぬる」，已然形が「ぬれ」となるもの．

	語幹	未然形	連用形	終止形	連体形	已然形	命令形
死ぬ	し	な	に	ぬ	ぬる	ぬれ	ね
往ぬ	い	な	に	ぬ	ぬる	ぬれ	ね

①この活用をする語は「死ぬ」「往ぬ」の2語だけである．現代語では，五段に活用する．
②九種の活用パターンのうち，全活用形が異なる形になるのは，このナ行変格活用のみである．このため，学校文法では，未然形から命令形までの六つの活用形が用意される．
③連用形は，撥音便になることがある．

(3) ラ行変格活用

活用語尾がア・イ・ウ・エの4段にわたるが，終止形の語尾が「り」となるもの．

	語幹	未然形	連用形	終止形	連体形	已然形	命令形
あり	あ	ら	り	り	る	れ	れ

① この活用をする語は「あり」「をり」「はべり」「いまそがり（いますがり・みかそがり）」の4語だけである．「いまそがり」は，「あり」の尊敬語で「いらっしゃる」の意．

② 連用形は，促音便になることがある．

③ 「あり」は多くの語と複合して新たにラ変動詞を構成する．

たとえば，副詞「かく」「しか」「さ」と複合し，「かかり」(←かく＋あり)，「しかり」(←しか＋あり)，「さり」(←さ＋あり)といった語を形成する．

  例) <u>しかり</u>とてそむかれなくに事しあればまづ嘆かれぬあな憂世の中（古今集936）〈そうだからといって出家もできないのに，何か事があると，まずは嘆かずにはおられない，ああ，憂きことよ，この世は〉

【補　説】
a 《文法的要素としての「あり」》形容詞・形容動詞の活用語尾，助動詞「なり」「たり」なども，「あり」が下接してでできたものである．
  ・多く＋あり→多かり　　・静かに＋あり→静かなり　　・堂々とあり→堂々たり
  ・にあり→なり（助動詞）　・とあり→たり（助動詞）

(4) 下一段活用

エ段音がすべての活用語尾にあり，さらに終止形・連体形に「る」，已然形に「れ」，命令形に「よ」が付くもの．

	語幹	未然形	連用形	終止形	連体形	已然形	命令形
蹴る	○	け	け	ける	ける	けれ	けよ

① この活用をする語は「蹴る」一語だけである．上一段活用と同様，規則的な変化をするため，変格活用とはしない．ただし，現代語ではカ行五段に活用する．

② 奈良時代にはワ行下二段活用「くう」であり，平安時代に生じた．

(5) 下二段活用

活用語尾がウ段・エ段の2段にわたり，連体形に「る」，已然形に「れ」，命令形に「よ」がつくもの．

	語幹	未然形	連用形	終止形	連体形	已然形	命令形
得	○	え	え	う	うる	うれ	えよ
出づ	い	で	で	づ	づる	づれ	でよ
聞こゆ	きこ	え	え	ゆ	ゆる	ゆれ	えよ

①活用の行は，ア行からワ行までの各行，ガ・ザ・ダ・バ行にわたる．

②ただし，ア行は「得」(心得)のみである．したがって，上記「聞こゆ」も未然形が「え」となるが，こちらはヤ行に活用する．また，ザ行は「混ず」，ワ行は「植う」「飢う」「据う」だけである．

③「得」「経」「寝」の三語は，それぞれ「う」「ふ」「ぬ」のように終止形が一音節のみであり，語幹と活用語尾とに分けることができない．このような語の場合，学校文法では語幹を設けない．

(6) 上一段活用

イ段音がすべての活用語尾にあり，さらに終止形・連体形に「る」，已然形に「れ」，命令形に「よ」が付くもの．

	語幹	未然形	連用形	終止形	連体形	已然形	命令形
着る	○	き	き	きる	きる	きれ	きよ
射る	○	い	い	いる	いる	いれ	いよ
率る	○	ゐ	ゐ	ゐる	ゐる	ゐれ	ゐよ

①この活用をする語は「着る」「似る」「煮る」「干る」「嚔る」「見る」「射る」「鋳る」「沃る」「居る」「率る」に限られる．「射る・鋳る・沃る」はヤ行，「居る・率る」はワ行に活用する．

②上記の動詞が他の語と複合してできた動詞「試みる(心+見る)」「用ゐる(持ち+率る)」なども上一段活用となる．

③奈良時代には，語幹が「べし・らむ」など終止形接続の助動詞に接続した例がある．古くは終止形に「る」を付けずに使用されていたことがわかる．

　例) ひぐらしの鳴きぬる時はをみなへし咲きたる野辺を行きつつ見べし（万葉集3951）〈ひぐらしの鳴く時には，おみなえしの咲いている野辺を行きながら見るといい〉

(7) 上二段活用

活用語尾がイ段・ウ段の2段にわたり，連体形に「る」，已然形に「れ」，命令形に「よ」が付くもの．

	語幹	未然形	連用形	終止形	連体形	已然形	命令形
老ゆ	お	い	い	ゆ	ゆる	ゆれ	いよ
恥づ	は	ぢ	ぢ	づ	づる	づれ	ぢよ

①活用の行はカ・ガ・タ・ダ・ハ・バ・マ・ヤ・ラの各行である．ただし，ヤ行は「老ゆ」「悔ゆ」「報ゆ」だけである．
②「怖づ」「閉づ」「恥づ」などはダ行であることに注意したい．

(8) カ行変格活用

活用語尾が「こ・き・く」の3段にわたり，連体形に「る」，已然形に「れ」，命令形に「よ」が付くもの．

	語幹	未然形	連用形	終止形	連体形	已然形	命令形
来	○	こ	き	く	くる	くれ	こ（よ）

①この活用をする語は「来(く)」だけである．ただし，「出で来」「持ち来」のように複合して用いられることもある．
②命令形は，「こ」と「こよ」とがあるが，平安時代は「こ」が主流であり，「こよ」は後に発達する．

(9) サ行変格活用

活用語尾が「せ・し・す」の3段にわたり，連体形に「る」，已然形に「れ」，命令形に「よ」が付くもの．

	語幹	未然形	連用形	終止形	連体形	已然形	命令形
す	○	せ	し	す	する	すれ	せよ

①この活用をする語は「為(す)」「おはす」「います」だけである．ただし，「おはす」は下二段活用にも，「います」は四段活用にも活用することがある．
②ただし，「す」が漢語や和語の名詞，動詞の連用形，形容詞・副詞などに付き，複合動詞として用いられるものが多くある．
　　漢語との複合：愛す・案ず・感ず・具す・座す・念ず・化粧(けさう)ず・御覧ず
　　和語名詞との複合：心す・旅す・罪す・ものす・朝寝(あさい)す・門出す
　　動詞連用形との複合：与(くみ)す・恋す・欲す・報いす・宿りす
　　形容詞との複合：空しうす・まっとうす・疎んず
　　副詞との複合：先んず

【補　説】
　a 《活用の種類の見分け方》活用の種類は次のような手順に従うと，識別しやすい．
　　①次の活用に属する語は所属する語をそのまま覚える．

ナ変活用………死ぬ　往ぬ
　　　ラ変活用………あり　をり　はべり　いますがり（いまそがり・みまそがり）
　　　下一段活用……蹴る
　　　上一段活用……着る　似る　煮る　干る　嚏る　見る（顧みる・試みる）　射る　鋳る　沃る　居る　率る（用ゐる・率ゐる）
　　　カ変活用………来
　　　サ変活用………す
　　②上記以外のものは，助動詞「ず」（現代語の「ない」）に続く語尾の音で区別する．
　　　ア段音の場合……四段活用
　　　イ段音の場合……上二段活用
　　　エ段音の場合……下二段活用
　　　ただし，時代によって活用の種類を変えることがある（→2.5（2）補説 a）．
b　《音便》ある活用語尾が特定の環境において別の音に変化する現象を音便という．
　（1）イ音便……四段活用の連用形語尾「き」「ぎ」「し」が，助詞「て」・助動詞「たり」などに続く場合，イに変化する現象．
　　例）猫の，いと和う鳴いたるを，（更級日記）〈猫の，非常に親しげに鳴いているのを，〉
　（2）ウ音便……四段活用の連用形語尾「ひ」「び」「み」が，助詞「て」・助動詞「たり」などに続く場合，ウに変化する現象．
　　例）読うでは泣き，泣いては読む．（平家物語　3　頼豪）〈読んでは泣き，泣いては読む〉
　（3）撥音便……四段活用の連用形語尾「び」「み」，ナ変活用の連用形語尾「に」が，助詞「て」・助動詞「たり」などに続く場合，撥音「ん」に変化する現象．
　　例）若すすきに手切る切る摘んだる菜を，（土佐日記）
　　　〈わかすすきで手を切りながら摘んだ菜を〉
　　・ラ行四段活用の連用形語尾「り」が助動詞「ぬ」に続く場合にも撥音便になる．
　　・ナ行変格活用の連体形語尾「に」およびラ変活用の連体語尾「る」が撥音便になる場合，平安時代には撥音（「ん」）が表記されない．
　　例）死（ん）じ子，顔よかりき．（土佐日記）〈死んだ子は顔つきがよかった〉
　　・ラ変活用の連体形語尾「る」が助動詞「なり」「めり」「べし」などに続く場合，撥音「ん」に変化する現象．平安時代にはふつう撥音（「ん」）は表記されない．
　　例）道来る人，「この野は盗人あ（ん）なり」とて，火つけむとす．（伊勢物語　12）〈跡を追ってきた人は「この野は盗人がいるそうだ」と言って，火をつけようとする〉
　　例）世の中に物語といふもののあ（ん）なるを，（更級日記）
　　　〈世の中に物語というもののあるそうだが〉
　（4）促音便……四段活用，ラ変活用の連用形語尾「き」「ち」「ひ」「り」が助詞「て」・助動詞「たり」に続く場合，促音（「っ」）に変化する現象．
　　例）向かつてくるをば，なぎなたで切つて落とす．（平家物語　4　橋合戦）
　　　〈向かってくるのを，長刀で切って落とす〉
　　　古典語では促音の「つ」は小さく書かず，また促音が表記されないこともある．
c　《補助動詞》動詞が本来の意味・用法を失い，述語の下に付いて付属語的に用いられるようになったものを「補助動詞」という．これと区別して，本来の意味・用法で用い

るものを「本動詞」ということがある.
(1) 本動詞
　　例）むかし，男ありけり．（伊勢物語　2）〈昔，ある男がいたそうだ〉
　　　　→この「あり」は〈存在する〉意の本動詞「あり」
　　例）正月なればことだつとて，大御酒たまひけり．（伊勢物語　85）
　　　　〈正月なので，特別というわけで，お酒をお与えになった〉
　　　　→この「たまひ」は〈お与えになる〉の意の本動詞「たまふ」
(2) 補助動詞
　　例）時は五月になむありける．（伊勢物語　43）〈時は五月であった〉
　　　　→この「あり」は存在するという意味が失われ，助動詞「なり」の連用形「に」
　　　　　などについて，〈……である〉という指定の意を表す．
　　例）家をいとおもしろく造りて住みたまひけり．（伊勢物語　81）
　　　　〈家をたいそう風流に造ってお住みになった〉
　　　　→この「たまひ」は与えるという動作性の意味が失われて，他の動詞について
　　　　　尊敬の意だけを表す．

練習問題 5

【1】次の下線部の動詞の活用の種類を答えなさい．
　(1) 我をいかにせよとて，捨てては昇りたまふぞ．（竹取物語）
　(2) をとこ，弓・やなぐひを負ひて，戸口にをり．（伊勢物語　6）
　(3) わがみかど六十余国の中に，塩釜といふ所に似たるところなかりけり．されば
　　　なむ，かの翁さらにここをめでて，塩釜にいつか来にけむとよめりける．（伊
　　　勢物語　81）
　(4) いとあはれなることも侍りき．（方丈記）
　(5) 験あらむ僧たち，祈り試みられよ．（徒然草　54）
【2】括弧内の指示に従い，文脈にふさわしい活用形にしなさい．
　(1) 沐浴などす（→未然形）む．（土佐日記）
　(2) この尻蹴る（→命令形）．（宇治拾遺物語　2-13）
　(3) 海は荒る（→已然形）ども，心は少しなぐ（→連用形）ぬ．（土佐日記）
　(4) 聞こゆ（→已然形）ば恥づかし，聞こゆ（→未然形）ねば苦し．（伊勢物語
　　　13）
　(5) 中垣こそあり（→已然形），一つ家のやうなれば，望む（→連用形）て預かる
　　　（命令形）るなり．（土佐日記）
　(6) 夜更く（→連用形）て来（→已然形）ば，所々も見ゆ（→未然形）ず．（土佐
　　　日記）
　(7) かきつばたと言ふ（→連体形）五文字を句のかみにすう（→連用形）て旅の
　　　心を詠む（→命令形）（伊勢物語　9）
【3】次の文中から動詞の音便を抜き出し，もとの形を答えなさい．
　(1) 冬になりて，日ぐらし雨降り暮らいたる夜，雲かへる風はげしううち吹きて，

(更級日記)
(2) 太刀を抜いて額に当て，打つて行くほどに，(平治物語　下　悪源太雷となる)
(3) 是等兄弟三百余騎で陣のおもてに進んだり．(平家物語　7　篠原合戦)
(4) みな人は重き鎧の上に，重きものを負うたり抱いたりして入ればこそ沈め，(平家物語　11　能登殿最期)

2.3　形容詞

　形容詞は用言の一つで，状態や性質，感情を表す．古典語では，言い切りの形が「し」の音で終わる．なかには，「いみじ」「すさまじ」のように語尾が「じ」で終わるものもあるが，これらも形容詞に分類する．

(1) 形容詞活用の種類

　形容詞にはク活用とシク活用の2種類がある．連用形の活用語尾が「く」となるもの（例「高く」）をク活用，「しく」となるもの（例「うれしく」）をシク活用という．現代語で言い切りの形が「しい」となるものがシク活用，「し」以外の音に「い」がつくものがク活用にほぼ相当する．

　　例）類・親族もなし．(更級日記)〈縁者や親族もいない〉
　　例）うち光りて行くもをかし．(枕草子　春はあけぼの)〈（蛍が）光りながら飛んで行くのも風情がある〉

ク活用となる形容詞は状態・性質を表すものが多く，シク活用となる形容詞は感情を表すものが多いという傾向がある．形容詞の活用は次の通りである．

	語幹	未然形	連用形	終止形	連体形	已然形	命令形
高し	たか	（く）	く	し	き	けれ	
		から	かり	（かり）	かる	（かれ）	かれ
うれし	うれ	（しく）	しく	し	しき	しけれ	
		しから	しかり		しかる	（しかれ）	しかれ

　活用表内の未然形に括弧付きで表示されている「く」「しく」は，江戸時代に接続助詞「ば」が接する形として用いられるものである．これは本来は連用形「ーく」「ーしく」に助詞「は」が付いて仮定条件を表すものであったが，動詞から類推されて用いられるようになったものである．

　　例）恋しくは見てもしのばむもみち葉を吹きな散らしそ山おろしの風（古今集285)〈紅葉の美しかったのが恋しく思われたら，この散った葉を見てでも懐かしもう．庭に散った紅葉葉を吹き散らしてくれるな，山嵐の風よ〉

(2) 形容詞連用形の注釈的用法

形容詞の連用形は用言を連用修飾する働きを主とするが，次のように文全体の内容に対する注釈あるいは評価を表す場合も少なくない．

例）聞く人の「あやしく，歌めきても言ひつるかな」とて書き出だせれば，げに三十文字余(みそもじあまり)なりけり．（土佐日記）〈聞いた人が「不思議と，歌のようにも言ったことだな」と言って文字に書いてみると，なるほど三十一文字であった〉

ここでは，歌のように言ったようすが「あやし」というように表現したものである．すなわち，連用修飾語として表現されてはいるが，文全体に対する述語のような働きをしているのである．

例）祈り来る風間(かざま)と思ふをあやなくも鴎(かもめ)さへだに波と見ゆらむ（土佐日記）
〈祈ってきた通りに風が絶えたと思ったのに，わけがわからないことに，どうして鴎までが白い波のようにに見えるのだろう〉

「鴎さへだに波と見ゆらむ」ということを「あやなく（も）」と注釈（評価）しているのである．このような，文全体を主題として，それに対する解説を加えるという働きを，ここでは仮に注釈的用法と呼ぶことにする．

例）あさましう，犬なども，かかる心あるものなりけり．（枕草子　上にさぶらふ御猫は）〈あきれたことに，犬のようなものでも人間のような感情をもっているのだった〉

ここでは，犬が人間のような感情をもっていることが「あさまし」というように，話し手の評価を表している．この注釈的用法は「珍しく，彼が笑った」というように現代語にも受け継がれている．

(3) 形容詞語幹の用法

形容詞は語幹の用法が多様である．これは動詞にはないものである．

①語幹は直接，連体修飾・連用修飾する．
とを（「遠し」の語幹）＋やま（山）→とをやま〈遠い山〉
かなし（「愛(かな)し」の語幹）＋いも（妹）→かなしいも〈いとしい，あの娘〉
たか（「高し」の語幹）＋しる（知）→たかしる〈高く造営する〉

②単独で，あるいは助詞「や」を伴って，感動の意味を表す．
例）いで，あな心憂(こころう)．（枕草子　円融院の御果ての年）〈あら，まあいやだ〉
例）あな，いみじや．（源氏物語　若紫）〈ああ，たいへんだ〉

③助詞「の」を伴って，連体修飾語になる．
例）あな，めでたの人や．（源氏物語　早蕨）〈ああ，立派な人であることよ〉
例）あな，をかしの御髪(みぐし)や．（源氏物語　若紫）〈ああ，かわいい髪だこと〉

④「名詞＋を」（「を」を伴わない場合もある）を受け，接尾語「み」を伴って原因理由を表す（ミ語法）．

例）夜を寒み置く初霜を払ひつつ草の枕にあまたたび寝ぬ（古今集　416）
　　〈夜が寒いので下りた初霜を払いながら，旅寝を幾夜も寝ることだ〉
例）しののめの別れを惜しみ我ぞまづ鳥より先に鳴き始めつる（古今集　640）
　　〈（しののめの）別れが惜しいので，わたしは鳥よりも先に泣き始めたことよ〉
⑤接尾語「さ」「み」がついて名詞に，「げ」「ら」がついて形容動詞になる．
例）心地悪しみして，（土佐日記）〈気分が悪くて〉
例）海荒げにて，（土佐日記）〈海は荒れていそうで〉
例）この女，顔かたちいと清らなり（大和物語　149）〈この女は，容貌がとても清らかで美しい．〉

【補　説】

a 《音便》形容詞の音便には次のようなものがある．
　(1) イ音便……連体形の活用語尾「き」「しき」が体言，助詞「かな」に続く場合，イに変化する現象．
　　例）いと暗い夜，（更級日記）〈非常に暗い夜〉
　(2) ウ音便……連用形の活用語尾「く」「しく」が用言，助詞「て」などに続く場合，ウに変化する現象．
　　例）いとうつくしうてゐたり．（竹取物語）〈非常にかわいいようすで座っていた〉
　(3) 撥音便……補助活用の連体形語尾「かる」「しかる」が助動詞「なり」「めり」「べし」などに続く場合，撥音（「ん」）に変化する現象．この場合，特に撥音（「ん」）が表記されないことがある．
　　例）人の心ざしひとしか（ん）なり．（竹取物語）〈人の心ざしは等しいものだ〉

b 《上代の未然形・已然形「け」「しけ」》上代には未然形・已然形いずれの語尾にも「け」「しけ」が用いられていた．次の例のように，まだ起きていない出来事も，既に起きた出来事も同じ語形で表していたことになる．
　　例）飽くまでに相見て行かな恋ふる日多けむ（万葉集　3999）
　　　　〈心ゆくまで逢ってから出発しよう．恋しく思う日が多いだろうから〉
　　例）あをによし奈良の大路は行きよけどこの山道は行き悪しかりけり（万葉集　3728）
　　　　〈奈良の都の大路は歩きよいけれども，この山道は歩きにくいことだ〉

c 《本活用と補助活用》形容詞の活用は，ク活用・シク活用ともに二つの系列が存在する．一方は「く（しく）・し・き（しき）・けれ（しけれ）」，もう一方は「から（しから）・かり（しかり）・かる（しかる）・かれ（しかれ）」と活用する．この二系列のうち，本来の活用形は，「く・し・き・けれ」系列だといわれる．しかし，この形には命令形がなく，また助動詞を下接することもできなかった．そこで，連用形「―く」に補助動詞「あり」をつけた形によってその欠を補うようになった．
　　例）いかばかり恋しくありけむ（万葉集　875）〈どれほど恋しかっただろうか〉
その後，「―く＋あり」から生じた「―かり」という融合形が使用されるようになる．この系統の活用を「カリ活用」と呼ぶ．こちらは，「く・し・き・けれ」の本来的な活用である「本活用」に対して「補助活用」と呼ばれる．
　　例）見わたせば花も紅葉もなかりけり浦の苫屋の秋の夕暮れ（新古今集　363）〈見渡すと，春の桜の花も秋の紅葉もないことであるなあ，この海辺の苫葺きの小屋のあたりの秋の夕暮れは〉

ただし,「多かり」をのぞくと,ほとんど終止形・已然形が使われることはない.
d 《終止形の名詞用法》形容詞の終止形は,そのような状態のものという意を表す名詞に転成することがある.
　　例) 例の,心なしの,かかるわざをして,さいなまるるこそ,いと心づきなけれ.（源氏物語　若紫）〈いつもの,うっかり者が,このようなことをして,責められるとは,まったく困ったことね.〉

練習問題6

【1】次の下線部の形容詞は（a）ク活用,（b）シク活用のいずれであるか,記号で答えなさい.
　(1) 物もなし.（土佐日記）
　(2) 財あれば恐れ多く,貧しければ恨み切なり.（方丈記）
　(3) なかなか長きよりも,こよなう,今めかしきものかな.（源氏物語　若紫）
　(4) 手のわろき人の,憚らず文書きちらすはよし,みぐるしとて人に書かするはうるさし.（徒然草　35）

【2】次の文中から形容詞を抜き出し,その活用形を答えなさい.
　(1) 死じ子,顔よかりき.（土佐日記）
　(2) 貧しければ,するわざもなかりけり.（伊勢物語　16）
　(3) 忘れがたく,口惜しきこと多かれど,え尽くさず.（土佐日記）
　(4) いとはかなうものしたまふこそ,あはれに後ろめたけれ.（源氏物語　若紫）
　(5) その院,昔を思ひやりてみれば,おもしろかりける所なり.（土佐日記）
　(6) よくてやあらむ,あしくてやあらむ,いにしところも知らず.（伊勢物語　96）

【3】括弧内の指示に従って,文脈にふさわしい活用形にしなさい.
　(1) 楫取,気色悪し（→未然形）ず.（土佐日記）
　(2) いとをかし（→連体形）ことかな.（土佐日記）
　(3) 海のまた恐ろし（→已然形）ば,頭もみな白けぬ.（土佐日記）
　(4) むかし,男,身はいやし（→連用形）て,いとになし（→連体形）人を思ひかけたりけり.（伊勢物語　93）
　(5) この泊,遠し（→連用形）見れども近し（→連用形）見れども,いとおもしろし（→終止形）.（土佐日記）
　(6) 憂し（→連用形）ける人を初瀬の山おろしよ烈し（→命令形）とは祈らぬものを（千載集　708）

【4】次の文中から形容詞語幹を抜き出し,その用法を説明しなさい.
　(1) いみじのすき物のしわざや.（伊勢物語　58）
　(2) あな,かしことて,箱に入れたまひて,（竹取物語）
　(3) いみじく生ひ先見えて美しげなるかたちなり.（源氏物語　若紫）
　(4) 瀬をはやみ岩にせかるる滝川のわれても末に逢はむとぞ思ふ（詞花集　228）

(5) 寂しさはその色としもなかりけり槇立つ山の秋の夕暮れ（新古今集　361）
【5】次の文中から形容詞の音便を抜き出し，もとの形を答えなさい．
(1) うちとけず苦しいことに思いたり．（源氏物語　胡蝶）
(2) 山のかげ暗う，前近う見えて，心ぼそくあはれなる夕暮れ，水鶏いみじく鳴く．（更級日記）
(3) つくづくと一年を暮らすほどだにも，こよなうのどけしや．（徒然草　7）
(4) いでや，この世に生れては，願はしかるべきことこそ多かめれ．（徒然草　1）

2.4　形容動詞

　形容動詞[3]は用言の一つで，形容詞と同じく状態や性質，感情を表す．古典語では，言い切りの形が「なり」「たり」になる．語彙数の少ない形容詞を補うために平安時代以降発達した．

(1) 形容動詞活用の種類
　形容動詞には，ナリ活用とタリ活用の二種類がある．終止形の活用語尾が「なり」となるものをナリ活用，「たり」となるものをタリ活用という．
　　例）いとものあはれなり．（徒然草　32）〈非常に趣深い〉
　　例）生死流転の衢冥冥たり．（平家物語　5　勧進帳）〈生死流転してさまよう世界は暗黒である〉
　形容動詞の活用は次の通りである．

	語幹	未然形	連用形	終止形	連体形	已然形	命令形
静かなり	静か	なら	なり / に	なり	なる	なれ	なれ
堂々たり	堂々	たら	たり / と	たり	たる	たれ	たれ

　形容動詞の活用語尾は，連用形語尾の「に」「と」に動詞「あり」がついて成立したもの（例：静かに＋あり→静かなり・堂々と＋あり→堂々たり）である．したがって，連用形の「に」「と」だけが本活用であって，ラ変型の活用は補助活用にあたるものである．
　　例）まめやかに世継が申さむと思ふことは，ことごとかは．（大鏡　序）

---

[3] 山田孝雄，松下大三郎，時枝誠記など，形容動詞を一品詞として認めない立場をとる文法学者もいる．

〈まじめに，この世継が申し上げようと思うことは，ほかでもありません〉
  例) 賢げにうちうなづき，ほほゑみてゐたれど（徒然草　194）〈利口そうにうなづき，ほほ笑んでいるが〉
  例) 一人は立てり，一人は居りと見るに，忽然として失せぬ．（宇治拾遺物語　12-1）〈一人は立ち去り，一人はその場にいると見ているうちに，たちまちにいなくなってしまった〉

ナリ活用の語幹には，接尾語「やか」「らか」「か」「ら」が接したものや，形容詞の語幹に接尾語「げ」が付いたものが多い．一方，タリ活用の語幹には漢語で，同音を重ねたものや「然」「乎」が下に付いているものが多い．このため，和文系の物語や日記類には使用されず，訓点資料などに現れるだけである．

(2) 形容動詞語幹の用法

形容動詞には次のような語幹の用法がある．
(1) 単独で，あるいは助詞「や」を伴って，感動の意味を表す．
  例) あな，清ら．（源氏物語　柏木）〈まあ，きれい〉
(2) 助詞「の」を伴って，連体修飾語になる．
  例) いと，あやしう希有のことをなむ見たまへし．（源氏物語　手習）〈非常に不思議でまれであることを見申し上げた〉
(3) 接尾語「さ」がついて名詞になる．
  例) 今めかしきはなやかさは，いとこよなくまされり．（源氏物語　絵合）
  〈現代風の美しさは，たいそう格段にすぐれている〉

【補　説】
  a 《音便》形容動詞では，連体形語尾「なる」が助動詞「なり」「めり」「べし」などに続く場合に，撥音（「ん」）に変化する撥音便が見られる．この場合，特に「ん」が表記されないことがある．
    例) まいて，験者などはいと苦しげな（ん）めり．（枕草子　思はむ子を法師になしたらむこそ）〈まして，修験者などは非常につらそうに見える〉
  b 《ナリ活用》上代にナリ活用の用例も見えるが，その例は少ない．
    例) なかなかに死なば安けむ君が目を見ず久ならば術なかるべし（万葉集　3934）
    〈いっそのこと死んだら楽だろう，あの方にあえずに時がどんどんと過ぎていくのだったら，きっとやるせないことだろう〉
  c 《タリ活用》タリ活用は平安時代に入って成立し，室町時代には衰退した．連用形「―と（例：堂々と）」）と連体形「―たる（例：堂々たる）」が現代に残るだけである（現代語文法ではそれぞれ副詞，連体詞に分類される）．

練習問題 7

【1】次の下線部の形容動詞は（a）ナリ活用，（b）タリ活用のいずれであるか，記号で答えなさい．

(1) さるは，いと軽々なりや．（源氏物語　若菜上）
(2) 雲海沈々として青天すでに暮れなんとす．（平家物語　7　福原落ち）
(3) 人の心すなほならねば，偽りなきにしもあらず．（徒然草　85）
(4) 吾が生すでに蹉跎たり．（徒然草　112）

【2】次の文中から形容動詞を抜き出し，活用の種類と活用形を答えなさい．
(1) 狩りはねむごろにもせで，酒をのみ飲みつつ，（伊勢物語　82）
(2) 思ふさま，異なり．（源氏物語　若紫）
(3) おほやけの奉り物は，おろそかなるをもてよしとす．（徒然草　2）
(4) 鴨川の水漲り出で，逆浪岸を浸し，茫々たり．（太平記　24　和漢宗論の事）

2.5　活用の整理

(1) 動詞活用の整理

動詞の活用は，母音が交代する形式と，「る」「れ」が添加される形式との二つに大きく分けられる．前者をV型，後者をR型と名づけ，V型の場合活用語尾の現れる段の数をその横に示すと，次のようになる．

（活用語尾のうち，初めの子音を省略して示す）

活用の型		未然形	連用形	終止形	連体形	已然形	命令形
四段	V4	a	i	u	u	e	e
ラ変	V4	a	i	i	u	e	e
ナ変	V4R	a	i	u	uru	ure	e
カ変	V3R	o	i	u	uru	ure	o (yo)
サ変	V3R	e	i	u	uru	ure	eyo
上二段	V2R	i	i	u	uru	ure	iyo
下二段	V2R	e	e	u	uru	ure	eyo
上一段	V1R	i	i	iru	iru	ire	iyo
下一段	V1R	e	e	eru	eru	ere	eyo

これらのうち，母音が四段に交代するものを強変化，母音が二段または一段に交代し「る」「れ」が添加するものを弱変化ということがある．

【補　説】
a 《現在形の用法》古典語では，動詞の現在形（過去や推量などの助動詞が付かない形）は現在の事柄を表す．
　　例）清げなる大人二人ばかり，さては童べぞ出で入り遊ぶ．（源氏物語　若紫）〈こぎれいな女房が二人ほど，ほかには童女が出たり入ったりして遊んでいる．〉
　　現代語では継続の動作を表す動詞が動作の継続を表す場合には「ている」を付けて言

い表す．一方，古典語では，「遊ぶ」が現代語訳で〈遊んでいる〉となるように，現在形のままで動作の継続をも表した．
例）人々は帰したまひて，惟光朝臣と覗きたまへば，ただこの西面にしも，持仏据ゑたてまつりて行ふ，尼なりけり．（源氏物語　若紫）〈供の者人はお帰しになって，惟光朝臣とお覗きになると，ちょうどこの西面に，仏を御安置もうしあげて勤行しているのは，尼であった．〉

(2) 動詞活用の史的変遷

　日本語の動詞活用は古典語から現代語へという流れのなかで，V4型とV4R型は母音だけが交代する五段活用（V5）となり，V2R型とV1R型は母音は交代せず一段で，ただ「る」「れ」を付けるだけの一段活用（V1R）となって，双極化する方向をとっている．そして，その中間のV3R型はそのままカ変・サ変の活用として存続しているのである．このように現代語への変遷過程で動詞の活用は簡略化された．

　　四段活用（V4）　　　　　　　　　　　　　　　　→ 五段活用（V5）
　　ラ変活用（V4）　　　　　　　　　　　　　　　　
　　ナ変活用（V4R）　　　　　　　　　　　　　　　
　　カ変活用（V3R）　　　　　　　　　　　　　　　→ カ変活用（V3R）
　　サ変活用（V3R）　　　　　　　　　　　　　　　→ サ変活用（V3R）
　　上二段活用（V2R）　　　　　　　　　　　　　　
　　上一段活用（V1R）　　　　　　　　　　　　　　→ 上一段活用（V1R）
　　下二段活用（V2R）　　　　　　　　　　　　　　
　　下一段活用（V1R）　　　　　　　　　　　　　　→ 下一段活用（V1R）

【補　説】
a 《活用のしかたの変化》動詞のなかには時代によって活用の種類が異なるものもある．その代表的なものを次に示しておく（平安時代に両者の活用が併用された語には*を，近世以降に活用の種類が変化した語には下線を付した）．
　　隠る　忘る　　　　　　　　　　　　四段・下二段→（平安時代以降）下二段
　　漏る*　垂る［自動詞］　　　　　　　四段→（平安時代以降）下二段
　　生く　満つ［自動詞］　飽く　借る　足る　四段→（鎌倉時代以降）上二段
　　乱る*［自動詞］　　　　　　　　　　下二段→（平安時代以降）四段
　　忍ぶ*　学ぶ*　喜ぶ　恨む　　　　　上二段→（平安時代以降）四段
b 《活用の種類と意味・用法》自動詞・他動詞の区別が活用の種類によって示されているものもある．
　　四段・他動詞⇔下二段・自動詞……切る　割る　裂く　解く　脱ぐ　焼く
　　四段・自動詞⇔下二段・他動詞……あく　立つ　向く　進む　痛む　並ぶ
　　【参考】−る・自動詞⇔　φ・他動詞　（集まる⇔集む　当たる⇔当つ）
　　　　　　　φ・自動詞⇔−す・他動詞　（合ふ⇔合はす　照る⇔照らす）
　　　　　　−る・自動詞⇔−す・他動詞　（流る⇔流す　かへる⇔かへす）
　　また，「知る」（四段）のように，下二段に活用すると〈（人に）知られる〉」という受け身の意味になったり，「頼む」のように，四段活用では〈相手に期待する〉という

意であるのに対して，下二段に活用すると〈相手に期待させる．頼みにさせる〉という使役的な意味となったりする場合もある．

このほか，意味の違いにも対応している場合もある．たとえば古典語で，他動詞「分く」は四段活用では〈区別する〉の意（抽象的作用），下二段活用では〈押し分ける〉の意（具体的動作）で用いられている．

c 《終止形と連体形のアクセント》四段活用および上一段・下一段活用では，終止形と連体形が同形であるように見える．しかし，古典語（平安時代語）においては，発音の上で両者のアクセントは違っていた．

終止形	連体形	終止形	連体形	終止形	連体形
オク（置）	オク	キル（着）	キル	ケル（蹴）	ケル
トル（取）	トル	ミル（見）	ミル		

このように，終止形は末尾が低くなるのに対して，連体形は末尾まで高く発音された．つまり，話し言葉ではその違いが明瞭であった．したがって，終止形によって文末が低く終わると，そこで文が完結した印象を与えるのである．これに対して，連体形で文を終える連体止め（係助詞の結びを含む）は末尾が高いままであるので，その後に続く表現を予想させ，聞き手（読み手）に余情・余韻が生じ，また表現を強めることになるのである．ちなみに，終止形が低く終わり，連体形が高いまま終わるという違いは動詞型活用のすべてに共通することである．

(3) 形容詞活用の整理

形容詞は，その語幹の用法（→2.3(1)）から見ると，シク活用とされる語の語幹として終止形をそのまま認める方が，ク活用とのバランスがとれる．学校文法では，普通2.3(1)のような表を用いているが，むしろ，従来シク活用とされる語では「し」までを語幹と認めるのが穏当である．それに従って，整理し直すと，形容詞の活用は次のようになる（カリ活用は除く）．

	語幹	未然形	連用形	終止形	連体形	已然形	命令形
高し	たか	○	く	し	き	けれ	○
うれし	うれし			φ[4)]			

練習問題 8

【1】次の文中から動詞・形容詞・形容動詞を抜き出し，活用の種類と活用形を答えなさい．
 (1) 秋は夕暮れ．夕日のさして山の端(は)いと近うなりたるに，烏(からす)の寝所(ねどころ)へ行くとて，

[4)] 語幹の末尾が「し」である場合，終止形の活用語尾はない（シク活用の語幹末尾の「し」が終止形語尾を兼ねると解釈してもよい）．

三つ四つ，二つ三つなど飛び急ぐさへあはれなり．まいて，雁などの連ねたるが，いと小(ちひ)さく見ゆるはいとをかし．（枕草子　春はあけぼの）
(2) 四十余ばかりにて，いと白うあてに痩せたれど，つらつきふくらかに，まみのほど，髪のうつくしげにそがれたる末も，なかなか長きよりも，こよなう今めかしきものかなと，あはれに見たまふ．清げなる大人二人ばかり，さては童べぞ，出で入り遊ぶ．（源氏物語　若紫）

【2】次の文中から動詞を抜き出し，その活用形を答えなさい．
(1) 海の中よりぞ出で来る．（土佐日記）
(2) 中の庭には梅の花咲けり．（土佐日記）
(3) 常(つね)の使よりは，この人，よくいたはれ．（伊勢物語　69）
(4) いとはづかしと思ひて，いらへもせでゐたるを，（伊勢物語　62）
(5) まぎるるかたなく，ただひとりあるのみこそよけれ．（徒然草　75）
(6) やうやう夜も明け行くに，見れば，率(ゐ)て来(こ)し女もなし．（伊勢物語　6）
(7) 愚かにして怠(おこた)る人のために言はば，一銭軽(いっせんかろ)しといへども，これを重(かさ)ぬれば，貧(まづ)しき人を富める人となす．（徒然草　108）

■ コ ラ ム　　動詞活用のまぎれやすい行

古典語は現代語と発音が異なるため，動詞の活用の行がまぎれやすい場合がある．そこで，その見分け方について，次にまとめておく．

現代語		古典語		語　例	備　考
五　段	ワ行	四段	ハ行	言ふ　思ふ	古典語にワ行の活用はない
上一段	ア行	上一段	ヤ行	射る　鋳る　沃る	
			ワ行	居る　率る	「率ゐる・用ゐる」も同じ
		上二段	ヤ行	老ゆ　悔ゆ　報ゆ	
			ハ行	恋ふ　強ふ	ヤ行の3語以外のすべて
	ザ行	上二段	ダ行	閉づ　恥づ　めづ	古典語にザ行の活用はない
下一段	ア行	下二段	ア行	得(う)	「心得」も同じ
			ヤ行	思(おぼ)ゆ　聞(きこ)ゆ　消ゆ	終止形が「ゆ」となるもの
			ワ行	植う　飢う　据う	
			ハ行	与ふ　衰ふ　教ふ	上記のアヤワ行以外のすべて
	ザ行	下二段	ザ行	交ず	連用形が「ぜ」となる
	ダ行		ダ行	出(い)づ　撫(な)づ　めづ	連用形が「で」となる

第3章 体言

3.1 名　詞

　自立語で活用しない語のうち，単独で主語になることができるものを体言という．体言には名詞と代名詞がある．
　体言のうち，人や事物の名を表すものを名詞という．名詞は，その表す意味内容によって次のように下位区分される．
　（1）普通名詞……同じ種類の事物である場合，そのどれにも共通して用いられる名称を表すもの
　（2）固有名詞……同じ種類に属する他の事物から区別するために，そのものだけに付けられた特定の名称を表すもの
　（3）数　　詞……数量や順序を数で表すもので，助数詞を伴うこともある．数量を数で言い表す基数詞（例：一つ　ふたり　三本）と，順序を言い表す序数詞（例：一番　二号　第三）とがある．
　（4）形式名詞……それ自体では実質的な意味を表さず，連体修飾語を受けて名詞としての形式的意味だけを表すもの．
　　　　例）こと　もの　ところ　ほど　ため　とき　ころ　ゆゑ　よし　わけ　をり
（4）の形式名詞に対して，（1）（2）を実質名詞ともいう．
　（ア）たとひ時移り，事去り，楽しび悲しび行き交ふとも．（古今集　仮名序）
　　　〈たとえ時勢が移り変わり，物事が過ぎ去り，楽しみや悲しみが行き来しても〉
　（イ）うつくしきこと限りなし．（竹取物語）〈かわいらしいことはこの上もない〉
同じ「こと」でも，（ア）の「事」は物事の意の普通名詞，（イ）の「こと」は用言を体言化する用法の形式名詞である．

3.2 代 名 詞

　体言のうち，人・事物・方向・位置などを，そのものの名称を用いないで，直接に

指し示すものを代名詞という．その指し示す内容によって，次のように二つに下位区分される．

(1) 人代名詞

話の場面で，人を指し示すのに用いる語をいう．話し手の立場から見て，指し示す人がどのような関係にあるかによって次のように分類される．

	語	意味
一人称（自称）	あ　あれ[1]　わ　われ	話し手自身
二人称（対称）	な　なれ　なんぢ　いまし	聞き手
三人称（他称）	か　かれ　あ　あれ そ　それ[2]	話し手・聞き手以外の第三者
不定称	た　たれ　なにがし	はっきり特定できないもの

例）汝(なんぢ)が持ちてはべるかぐや姫奉(たてまつ)れ．（竹取物語）〈お前がもっているかぐや姫を献上せよ．〉

「おのれ」「おの（が）」は人称に関係なく，〈自分自身〉〈それ自身〉の意を表す語で，これを「反照代名詞」という．

例）女は，おのれをよろこぶもののために，容(かほ)づくりす．（枕草子　職の御曹司の西面の）〈女は自分自身を喜んでくれる者のために化粧する〉

これは，それより前に述べた人物を再び指し示す用法でもあることから，「再帰代名詞」ともいう．次の「わ」「われ」もこの用法である．

例）我が心焼くも我なりはしきやし君に恋ふるも我が心から（万葉集　3271）〈私の心を焼くのも私，いとしい君に恋いこがれるのも私自身のせいだ〉

【補　説】

a 《平安時代の人代名詞》平安時代には，「まろ」が主として男性に（院政時代以降は女性にも），「小生」が多く書簡文での謙称に用いられるようになった．
　例）などか，まろを，まことに近く語らひたまはぬ．（枕草子　故殿の御ために）〈どうして，私と本当に近くでお話しなさらないのか〉（藤原斉信(なりのぶ)の発話）
　二人称では「おまへ・おこと・おもと」が，男性には「貴殿・御辺」なども使われるようになった．
　例）おまへに，とく聞こしめせ．（源氏物語　手習）〈あなた様も早く召し上がれ〉

b 《鎌倉時代以降の人称代名詞》鎌倉時代には，一人称に「わたくし・おれ・それがし」のような謙称も用いられるようになり，女性専用では「わらは」も用いられた．また，二人称には「そなた」のような敬称も用いられるようになった．これ以降，敬称や謙

---

[1]「あ」「あれ」は上代の語で，単数的，孤独的，私的であるのに対して，「わ」「われ」は複数的，公的なニュアンスで用いられる傾向がある．

[2] 三人称は指示代名詞から転用されたものである．

称の言い方が複雑に発達する.
　c 《反照代名詞の人代名詞としての用法》「おのれ」などの反照代名詞は自称もしくは対称にも用いられることもある.
　　例）おのれは侍従の大納言殿の御むすめの，かくなりたるなり．（更級日記）〈私は侍従の大納言の姫君で，仮にこのような姿になっているのです．〉
　　例）おのれはまがまがしかりける心持ちたる者かな．（宇治拾遺物語　1-7）〈おまえはいまいましい心を持った者だな〉

(2) 指示代名詞

話し手と聞き手の両者からの位置関係を基準として，事物・場所・方向などを指し示す語をいう．「近称・中称・遠称」と呼び慣わされているが，それは話し手からの距離だけを基準にしているのではない．

	事物	場所	方向	意味
近称	こ　これ	ここ	こち　こなた	話し手の領域にある
中称	そ　それ	そこ	そち　そなた	聞き手の領域にある
遠称	か　かれ あ　あれ	かしこ	かなた あち　あなた	話し手・聞き手に共通する領域にある
不定称	いづれ なに	いづこ いづく	いづち いづかた	はっきりと特定できない

その指示の働きは大きく二つに分けられる．
　Ⅰ　ある場面（現場）で特定の事物・場所・方向を指し示す
　　例）渡守(わたしもり)に問ひければ，「これなむ都鳥(みやこどり)」といふを聞きて，（伊勢物語　9）〈船頭に尋ねると，「これが都鳥だ」というのを聞いて〉
　　例）そこを八橋と言ひけるは，水行くくもでなれば，橋を八つ渡せるによりてなむ，八橋といひける．（伊勢物語　9）〈そこを八橋と名付けたわけは，水が八方に流れているので，橋を八つ渡してあるゆえ，八橋と言ったのである．〉
　Ⅱ　ある文脈で特定の事柄を指し示す
　　例）物語のことを昼は日ぐらし思ひ続け，夜も目の覚めたる限りは，これをのみ心にかけたるに，夢に見ゆるやう，「このごろ皇太后宮(くわうたいこうぐう)の一品(いっぽん)の宮の御料(ごれう)に六角堂に遣水(やりみづ)をなむ作る」といふ人あるを，「そはいかに」と問へば，（更級日記）〈物語のことを昼は終日思い続け，夜も目の覚めている限りは，この物語のことばかりを心にかけていたところ，夢に見たことには，「最近皇太后宮の御子の一品の宮の御用に供するために，六角堂に遣り水を引いています」と言う人があるので，「それはどういうわけですか」と尋ねると〉

【補　説】
　a 《指示語》指示の副詞「さ」「かく（かくて）」「しか」などとともに，「指示語」と概括されることもある．

例）さあるにより，かたき世とは定めかねたるぞや．（源氏物語　帚木）〈そうであるから，（妻選びは）むずかしい世の中だと思って，（妻を）決めかねているのですよ．〉

練習問題 9

次の文中から代名詞を抜き出し，(a) 人代名詞，(b) 指示代名詞のいずれであるか，記号で答えなさい．
(1) この人々，ある時は竹取を呼び出て，「娘をわれに給べ」と伏しをがみ，手をすりのたまへど，「おのがなさぬ子なれば，心にも従はずなむある」と言ひて，月日すぐす．（竹取物語）
(2) いづくにもあれ，しばし旅立ちたるこそ目さむる心地すれ．そのわたり，ここかしこありき，ゐなかびたるところ，山里などは，いと目なれぬことのみぞ多かる．（徒然草　15）
(3) 義仲都にていかにもなるべかりつるが，これまで逃れ来るは，なんぢと一所で死なんと思ふためなり．（平家物語　9　木曽の最期）

3.3 体　言　化

活用語が体言として，「～すること」「～であること」「～である所」などの意味で用いられることがある．その主な形式として次の4つがある．

(1) 活用語の連用形を用いる
例）わらはべの踏みあけたるついひぢの崩れより通ひけり．（伊勢物語　5）〈童子が踏みあけた築地の崩れた所から通ったのだった〉

(2) 活用語の連体形がそのまま体言と同じ資格となる（これを準体法という）．
例）雨など降るもをかし．（枕草子）〈雨などが降るのも趣深い．〉
例）むかし仕うまつりし人，俗なる，禅師なる，あまた参り集まりて，正月なればことだつとて，大御酒たまひけり．（伊勢物語　85）〈昔お仕えしていた人が，俗人である者，法師となった者など多くが庵室に参集して，正月だから特にと思し召して，ご酒を下された〉

(3) 活用語の連体形に接尾語アクが付くク語法による
例）かぐや姫，翁にいはく，「……」といふ．（竹取物語）〈かぐや姫が翁に言うことには「……」と言う．〉
例）大海の磯もとゆすり立つ波の寄らむと思へる浜の清けく（万葉集　1239）〈大

海原の磯辺を揺り動かし立つ波が寄せようと思っている浜の清らかなことよ.〉

活用語の連体形に接尾語アクが付いて，次のように音変化したものである.
　　ifu + aku → ifaku（言はく）　　kiyoki + aku → kiyokeku（清けく）
例外として，助動詞「き」につく場合は連体形「し」に接尾語クが付く.
　　ifisi + ku → ifisiku（言ひしく）

(4) 形容詞の語幹に接尾語を付ける

例）されども，さばかりの事に妨げられて，長き世の闇にさへ惑はむが**やくなさ**.（源氏物語　椎本（しいがもと））〈しかし，それくらいの事に信心を妨げられて，未来永劫まで悟りを開けず迷うのは，つまらないことだ.〉

形容詞「やくなし」の語幹に接尾語「さ」を付けて体言化した用法である．このほか，接尾語「み」を付けて「悲しみ」などともなる．

【補　説】
a 《連体止め》連体形で文を終止させる用法は体言止めの一種で，強調の表現となり，余情・余韻・詠嘆の気持ちが表される．
　例）春はあけぼの．やうやう白くなり行く山際すこし明りて，紫立ちたる雲の細くたなびき**たる**．（枕草子　春はあけぼの）〈春はあけぼのがいい．次第に白くなっていく山際が少し明るくて紫だった雲の細くたなびいているのがいい〉
b 《形容詞終止形の転成名詞》形容詞の終止形も転成名詞として用いられる（→2.3　形容詞補説 d）

練習問題 10

次の文中から体言化したものを抜き出し，その形式を説明しなさい．
(1) そが言ひけらく，「昔，しばしありし所のなくひ[3]にぞあなる．あはれ．」と言ひて，詠める歌．（土佐日記）
(2) 説経の講師（こうじ）は顔よき．講師の顔をつとまもらへたるこそ，その説くことのたふとさもおぼゆれ．（枕草子　説経の講師は）
(3) まみ，額つきなど，まことにきよげなる，うち笑みたる，愛敬もおほかり．（紫式部日記）[4]
(4) 日をだにも天雲（あまぐも）近く見るものを都へと思ふ道の遥けさ（土佐日記）

---

[3]「名類（なたぐひ）」の転か．
[4]〈目もとや顔のあたりなどがほんとうにきれいで，ちょっとほほえんだところなどは，愛敬にも富んでいます〉

第4章
副　用　語

4.1　副　　詞

　自立語で活用しない語のうち，単独で連用修飾語となるものを副詞という．
　副詞は，次の三種類に分けられる．
　(1) 状態（情態）副詞（「様態副詞」とも）……状態性の意味をもち，被修飾語（主として動詞）の動作・作用がどのようであるかを詳しく説明するもの．
　　例）親王(みこ)，歌をかへすがへす(す)誦じたまうて，返(かへ)しえしたまはず．（伊勢物語　82）
　　　　〈親王は歌を繰り返し朗誦なさって，返しの歌はおできにならない〉
　　例）ごほごほと鳴る神よりもおどろおどろしく，（源氏物語　夕顔）
　　　　〈ごろごろと鳴る雷よりも大げさに，〉
　主な状態副詞の語例を大きく分類して示すと，次の通りである．
　①おのづから　さすがに　つひに　なほ　やがて
　②はらはらと　ふと　ほのぼのと　　（擬態語の類）
　③かつて　しばらく　　　　　　　　（時の副詞と呼ぶこともある）
　④かく　さ　しか　　　　　　　　　（指示副詞と呼ぶこともある）
　⑤さいはひ　もちろん　　　　　　　（注釈副詞と呼ぶこともある）
　(2) 程度副詞……被修飾語の状態・性質がどのような程度であるかを説明するもの．
　　例）月明(あか)ければ，いとよくありさま見ゆ．（土佐日記）
　　　　〈月が明るいので，非常によくあたりのようすが見える．〉
　上の文の「いと」のように，程度副詞は，主として形容詞・形容動詞を修飾するが，動詞や副詞を修飾したり，下に「の」を伴って名詞を修飾したりすることもある．
　　例）御簾のそばをいささか引き上げて見るに，（枕草子　七月ばかりいみじう暑ければ）〈御簾の端をほんの少し引き上げて見ると，〉
　　例）あまたの年を経ぬるになむありける．（竹取物語）〈多くの年月を経たのであった〉
　　〔語例：いささか　いと　いとど　げに　すこし　すべて　なほ　やや　よに〕

(3) **陳述副詞**……否定・推量・仮定・希望などの特定の叙述に導き，これと呼応する働きをするもの．（「呼応のある副詞」「誘導副詞」などともいう）

　例）御胸のみつと塞(ふた)がりて，つゆまどろまれず，明かしかねさせ給ふ．（源氏物語　桐壺）〈御胸がいつまでも塞がって，少しも仮眠をなさらず，一晩をお過ごしになりかねておられる〉

　例）たとひ耳・鼻こそ切れ失すとも，命ばかりはなどか生きざらん．（徒然草　53）〈たとえ耳や鼻が切れてなくなっても，命だけはどうして取り留められないことがあろか〉

主な陳述副詞を，その呼応する叙述のあり方によって分類すると，次の通りである．

①否定	いささか　いまだ　え　さらに　たえて　つゆ　ゆめゆめ をさをさ	→ず　じ　まじ
②否定推量	よも	→じ　まじ
③禁止	な	→そ
④疑問・反語	あに　いかが　いかで　いづくんぞ　なぞ　など　なんぞ	→む　べし　か
⑤推量	おそらく　けだし　さだめて	→む　べし
⑥当然	すべからく　まさに　よろしく	→べし
⑦願望	いかで　なにとぞ　願はくは	→む　ばや
⑧仮定	たとひ　もし　よし	→ば　とも
⑨比況	あたかも　さながら　さも　なほ	→ごとし

練習問題 11

【1】次の文中から副詞を抜き出し，その種類をa～cから選び，記号で答えなさい．　　a．状態副詞　　b．程度副詞　　c．陳述副詞
(1) みの虫，いとあはれなり．（枕草子　虫は）
(2) 古京はすでに荒れて，新都はいまだ成らず．（方丈記）
(3) めでたく書き給へるを見て，いとど涙を添へまさる．（更級日記）
(4) 火の中にうちくべて焼かせたまふに，めらめらと焼けぬ．（竹取物語）
(5) せめて申させ給へば，さかしう，やがて末まではあらねども，すべてつゆたがふことなかりけり．（枕草子　清涼殿の丑寅の隅の）[1]

【2】次の下線部の陳述副詞はどの語と呼応しているか，文中から抜き出しなさい．
(1) その山，見るに，さらに登るべきやうなし．（竹取物語）
(2) 男も女も，いかでとく京へもがなと思ふ心あれば，この歌よしとにはあらねど，

---

[1] 〈お答えになるよう帝が強いて申し上げなさるので，利口ぶってそのまま終わりの句までではないけれど，お答えはすべて少しも違うことはなかった〉

げにと思ひて，人々忘れず．（土佐日記）
(3) <u>もし負くるものならば</u>，時弘が首を切られん．（古今著聞集　10　宗平時弘相撲の事）
(4) 徳をつかむと思はば，<u>すべからく</u>まづその心づかひを修行すべし．（徒然草217）

4.2　連体詞

自立語で活用しない語のうち，単独で連体修飾語となるものを連体詞という．
　〔語例：ある　あらゆる　いんじ　きたる　させる　さんぬる〕
　例）<u>いんじ</u>安元三年四月二十八日かとよ．（方丈記）
　　　〈去る安元三年四月二十八日であったかなあ〉
現代語文法では「わが」「この」「その」「あの」などを連体詞とするが，古典文法では「わ」「こ」「そ」「あ」は代名詞，「が」「の」は助詞に分類する．

4.3　接続詞

自立語で活用がなく，単独で接続語となるものを接続詞という．接続詞は，文と文，文節と文節，単語と単語などを結びつける役割をする．
接続詞はそれらが相互にどのような関係であるかによって次のように分けられる．

(1) 条件的接続
前の事柄が後の事柄が成立するための条件であることを表す．
①順接条件（順態接続）……前の事柄と順当な関係で後の事柄が起こることを表す．
　〔語例：かかれば　さらば　されば　かくて〕
　例）この泊の浜には，種々（くさぐさ）の美（うる）わしき貝，石など多かり．<u>かかれば</u>，ただ昔のひとをのみ恋ひつつ，船なる人の詠める．（土佐日記）〈この港の浜には，さまざまな美しい貝や石などが多くある．こんなふうだから，ただ昔なくなった人ばかり恋しく思いながら，船にいる人が詠んだ歌〉
②逆接条件（逆態接続）……後の事柄が前の事柄から予測されることとは逆の結果であることを表す．
　〔語例：かかれども　さりとて　されども　さりながら　しかるに　しかるを〕
　例）物は少しおぼゆれど腰なむ動かれぬ．<u>されど</u>，子安貝をふと握りもたればうれしくおぼゆるなり．（竹取物語）〈意識は少しあるが腰は動かない．しかし，子安貝を思いがけなく握りもっていたので，うれしく思われるのである〉

(2) 対等的接続

前の事柄と後の事柄とが対等的な関係であることを表す．

①並列……前の事柄と後の事柄とが対等の資格，または対比的であることを表す．〔語例：および　また　ならびに〕

　例）霜のいと白きも，<u>また</u>，さらでも．（枕草子　春はあけぼの）
　　〈霜が非常に白い（早朝）も（趣がある）．また，そうでなくても．〉

②添加……前の事柄に後の事柄を付け加えることを表す．〔語例：かつ　また　なほ　しかも〕

　例）ゆく川の流れは絶えずして，<u>しかも</u>，もとの水にあらず．（方丈記）
　　〈流れてゆく川の流れは絶えることがなくて，そのうえ，もとの水ではない〉

③選択……前の事柄と後の事柄のどちらを行ったり，どちらかであったすることを表す．〔語例：あるいは　または　もしは〕

　例）これによりて，国々の民，<u>あるいは</u>地を捨てて境を出で，<u>あるいは</u>家を忘れて山に住む．（方丈記）〈このため，諸国の農民は，土地を捨てて国ざかいを出たり，家を捨てて山の中に住んだりする〉

④転換……前の事柄とは別個の事柄を述べることを表す．〔語例：さて　さるほどに　それ　そもそも〕

　例）いとはつらく見ゆれど，志はせむとす．<u>さて</u>，池めいて窪まり，水つける所あり．（土佐日記）〈ほんとうに思いやりがないと見えるが，お礼はしようと思う．ところで，池のように地面がくぼんで，水がついている所がある〉

練習問題12

次の括弧内にはどのような接続詞がはいるか，a～cから選び，記号で答えなさい．

　　a．さらば　　b．されど　　c．ならびに

(1) いと興あることなり．□1□行け．（大鏡　道長）
(2) 朱雀院□2□村上の御をぢにおはします．（大鏡　忠平）
(3) 悲しくのみある．□3□おのが心ならずまかりなむとする．（竹取物語）

4.4　感動詞

自立語で活用がなく，単独で独立語となるものを感動詞という．感動詞は，ふつう文のはじめに用いられ，感動・応答・呼びかけなど話し手の気持ちを直接に表す．

①感　動〔語例：あな　あはれ　すは　ああ〕
　例）<u>あはれ</u>，いと寒しや．（源氏物語　夕顔）〈ああ，非常に寒い〉

②応　答〔語例：いで　いさ　いな　えい　おう　を〕
　例）「何とかこれをば言ふ」と問へば，「<u>いさ</u>」などこれかれ見合はせて，（枕草子

七日の日の若菜を）〈何とこれを言うのか」と尋ねると，「さあ」などとあれこれ顔を見合わせて〉
③ **呼びかけ**〔語例：いかに　いざ　いで　なう　くは　やよ〕
　例）いで，君も書いたまへ．（源氏物語　若紫）〈さあ，あなたさまもお書きなさい〉

■コラム　　連体詞・接続詞の語構成

　連体詞・接続詞は日本語に本来あった品詞ではなく，他の語から転成してたものである．それがどのような語から構成されているか，次に主なものを整理しておく．
　① 連体詞
　(1) 動詞連体形……あくる（動詞「明く」）　ある（或　動詞「あり」）
　(2) 動詞＋助動詞連体形……あらぬ（動詞「あり」＋否定の助動詞「ず」）　いはゆる（動詞「言ふ」＋受身の助動詞「ゆ」）　いんじ（動詞「去ぬ」＋過去の助動詞「き」）
　(3) 副詞＋動詞連体形……かかる（副詞「斯く」＋動詞「あり」）　さる（副詞「然」＋動詞「あり」）　とある（副詞「と」＋動詞「あり」）
　(4) 副詞＋動詞＋助動詞連体形……させる（副詞「然」＋動詞「す」＋完了の助動詞「り」）　さんぬる（副詞「然」＋動詞「あり」＋完了の助動詞「ぬ」）
　(5) 体言＋格助詞……くだんの（名詞「件」＋格助詞「の」）
　② 接続詞
　(1) 代名詞……それ
　(2) 動詞……および（動詞「及ぶ」）
　(3) 副詞……かつ　すなはち　なほ　はた　また
　(4) 代名詞＋助詞……そも（代名詞「其」＋係助詞「も」　畳語形「そもそも」）
　(5) 動詞＋助詞……ならびに（動詞「並ぶ」＋格助詞「に」）
　(6) 副詞＋助詞……かくて（副詞「斯く」＋接続助詞「て」）　しかも（副詞「然」＋係助詞「も」）　もしは（副詞「もし」＋係助詞「は」）
　(7) 副詞＋動詞＋名詞……しかるあひだ（副詞「然」＋動詞「あり」＋名詞「間」）
　(8) 副詞＋動詞＋助詞……さりながら（副詞「然」＋動詞「あり」＋接続助詞「ながら」）
　(9) 副詞＋助詞＋助詞……あるいは（動詞「あり」＋副詞「い」＋係助詞「は」）
　(10) 副詞；動詞＋名詞＋助詞……さるほどに（副詞「然」＋動詞「あり」＋名詞「ほど」＋格助詞「に」）

第5章
助　動　詞

5.1　助動詞とその分類

　付属語で，活用があるものを助動詞という．用言や他の助動詞に付いて，種々の意味を添えたり，主体（話し手，書き手）の判断を加えたりする．助動詞は，意味・接続・活用などによって分類することができる．個々の助動詞の分類は別個に存在するのではなく，相互に関連をみとめることができる[1]．

(1) 意味による分類
それぞれの助動詞の代表的な意味によって分類したものを示す．

```
① 受身・自発・可能・尊敬　る　らる
② 使役　　　　　　　　　す　さす　しむ
③ 打消　　　　　　　　　ず
④ 打消推量　　　　　　　じ　まじ
⑤ 推量　　　　　　　　　む　むず　らむ　けむ　らし　まし　べし　めり
⑥ 伝聞　　　　　　　　　なり
⑦ 過去　　　　　　　　　き　けり
⑧ 完了　　　　　　　　　つ　ぬ　たり　り
⑨ 断定　　　　　　　　　なり　たり
⑩ 希望　　　　　　　　　まほし　たし
⑪ 比況　　　　　　　　　ごとし
```

　ただし，助動詞のなかには複数の意味を担っているものもある．たとえば，②の「す」「さす」「しむ」は使役のほかに尊敬の意を，また⑤の「べし」は推量のほかに当

---

[1] このほか，主体的・客体的といった表現性や助動詞の相互承接の配列順に着目して分類することもできる．

然・命令などの意味をも表す．また，不確かな推量を「推量」というのに対して，確信のある強い推量を「推定」ということがある．受身や使役の意味を表すものは，助動詞として認めないという学説もある．

(2) 接続による分類

どのような語，または活用形に付くかによって分類したものを示す（＊……ラ変活用動詞の場合，連体形に接続する）．

```
A  活用語に接続する
  ① 未然形  る  らる  す  さす  しむ  む  むず  まし  ず  じ  まほし
  ② 連用形  き  けり  つ  ぬ  たり（完了）  けむ  たし
  ③ 終止形  らむ*）  めり*）  べし*）  らし*）  まじ*）  なり（伝聞推定）
  ④ 連体形  なり（断定）  ごとし
  ⑤ 命令形  り
B  体言・副詞・助詞などに接続する
     なり（断定）  たり（断定）  ごとし
```

(3) 活用の型による分類

各々の助動詞の活用型によって分類すると，次のようになる．「る」「らる」は用言と同様に6つの活用形すべてを備えるが，「らし」「まじ」は接続によって変化しない「不変化型」である．活用のしかたは，助動詞の相互承接との関連が認められる（→ 5.9）．

```
A  動詞型     (1) 四段型      む  らむ  けむ
              (2) ナ変型      ぬ
              (3) ラ変型      けり  たり（完了）  り  めり  なり（伝聞推定）
              (4) 下二段型    る  らる  す  さす  しむ  つ
              (5) サ変型      むず
B  形容詞型   (1) ク活用型    べし  たし  ごとし
              (2) シク活用型  まじ  まほし
C  形容動詞型 (1) ナリ活用型  なり（断定）
              (2) タリ活用型  たり（断定）
D  特殊型                     き  まし  ず
E  不変化型                   らし  じ
```

練習問題 13

次の下線部「なり」について文法的に説明しなさい．
(1) その人のもとへ去なむずなり．（伊勢物語 96）
(2) 秋の野に人まつ虫の声すなり我かと行きていざとぶらはむ（古今集 202）
(3) 盛りにならば，（中略）髪もいみじく長くなりなむ．（更級日記）
(4) 六月になりぬれば，音もせずなりぬる，すべて言ふもおろかなり．（枕草子 鳥は）

5.2 未然形接続の助動詞（Ⅰ）（る　らる　す　さす　しむ）

(1)　る　らる

[活用] 下二段型

	未然形	連用形	終止形	連体形	已然形	命令形
る	れ	れ	る	るる	るれ	れよ
らる	られ	られ	らる	らるる	らるれ	られよ

※自発・可能の場合，命令形はない．

[接続] 動詞の未然形につく．ただし，「る」は四段・ナ変・ラ変に，「らる」はそれ以外につく．

① 自発〈<u>自然に……なる，……れる，……られる</u>〉
　自然にそのようになるという意を表す．
　例）今日は京のみぞ思ひやら<u>るる</u>．（土佐日記）
　　〈今日は京のことだけが思いやられる〉
　例）住みなれにしふるさと，限りなく思ひ出で<u>らる</u>．（更級日記）
　　〈住み慣れたふるさとが限りなく思い出される〉
「思ふ」「驚く」のような心理的な現象を表す動詞とともに使用される．

② 可能〈<u>……ことができる</u>〉
　そうすることができる意を表す．
　例）家の作りやうは，夏をむねとすべし．冬はいかなる所にも住ま<u>る</u>．（徒然草 55）〈家の作り方は夏を中心とするのがよい．冬はどのような所でも住むことができる〉
　例）変はりゆく形，ありさま，目もあて<u>られ</u>ぬこと多かり．（方丈記）
　　〈移り変わって行く形やようすには，見ることができないことが多い〉
可能の意味は，平安時代までは打消や反語を伴って用いられた．
　例）物は少しおぼゆれど，腰なむ動か<u>れ</u>ぬ．（竹取物語）〈意識は少しあるが，腰を動かすことができない〉

③受身〈……れる，……られる〉
　動作・作用を受ける意を表す．
　例）物におそは**るる**やうにて，あひ戦はむ心もなかりけり．（竹取物語）〈物のけに襲われたようになって，戦いあうような心もなかった．〉
　例）それが玉を取らむとて，そこらの人々の害せ**られ**むとしけり．（竹取物語）〈その玉を取ろうとして，多くの人々が殺されようとした〉
　多くの場合，人が主語となるが，人以外の非情の物が主語となることもある．
　例）御簾のそばいとあらはに引き上げ**られ**たるを，とみに引きなほす人もなし．（源氏物語　若菜上）〈御簾の端のほうがなかが丸見えになるほど引き開けられたのを，すぐに引き直す人もいない．〉

④尊敬〈お……になる，……なさる〉
　その動作をする人に対する尊敬の意を表す（ただし，「たまふ」などの動詞に比べると，敬意は低い．）
　例）かの大納言，いづれの船にか乗ら**る**べき．（大鏡　頼忠）〈あの大納言はどの船にお乗りになるおつもりか〉
　例）験（げん）あらむ僧たち，祈り試み**られ**よ．（徒然草　54）〈霊験あらたかな坊さんたち，試みにお祈りなさい〉

【補　説】
a 《意味の派生》自然にそうなることを表す自発の意が本義である．その自発の意から，自分の意志ではなく他からの働きかけでそうなる意の受身，自然にものごとが実現する可能の意が派生した．また，相手の動作に付けると，動作が自然に発生したかのように表現できることから，尊敬の意が派生した．ちなみに，「る」の語源は下二段動詞「ある」（生）に由来するものと考えられる．
b 《尊敬の用法》単独で尊敬を表す用法は平安時代後期から生じたもので，それ以前は尊敬の動詞について「思さる」「仰せらる」のように用いられた．尊敬語「たまふ」がつく場合，「れたまふ」「られたまふ」の「る」「らる」は自発もしくは受身の意を表す．
c 《上代の「ゆ」「らゆ」》上代には「る」「らる」の用例はきわめて少なく，「ゆ」「らゆ」（接続は「る」「らる」と同じ）が受身・自発・可能の意味で用いられた（「らゆ」は可能の意味しか見えない）．この「ゆ」は現代語でも「あらゆる」「いわゆる」などの連体詞に残っている．
　例）はろはろに思ほ**ゆる**かも白雲の千重に隔てる筑紫の国は（万葉集　866）〈はるか遠くに思われることだ，白雲が幾重にも隔てている筑紫の国は〉
　例）妹を思ひ寝の寝**らえ**ぬに秋の野にさを鹿鳴きつ妻思ひかねて（万葉集　3678）〈妻を思って寝られない秋の野に鹿が鳴いた．妻を思いかねて〉

	未然形	連用形	終止形	連体形	已然形	命令形
ゆ	え	え	ゆ	ゆる	○	○
らゆ	らえ	○	○	○	○	○

d 《可能の用法》16世紀になると，四段動詞に「可能動詞」(例:「書ける」「読める」)が現れ，可能の意味で「る」が使われることが次第に少なくなっていく．平安時代には，動詞に「得（う）」を加えて可能の意を表すこともあった．
　　例）竜の頸の玉取りえずは帰り来な（竹取物語）〈竜の首の玉をとることができなければ帰ってくるな〉

練習問題 14

次の下線部の意味を a～d から選び，記号で答えなさい．
　　a．受身　　b．自発　　c．可能　　d．尊敬
（1）あはれ，悲しと思ひ嘆か<u>る</u>．（更級日記）
（2）人々近うさぶらは<u>れ</u>よかし．（源氏物語　若紫）
（3）涙のこぼるるに，目も見えず，ものも言は<u>れ</u>ず．（伊勢物語　62）
（4）もし，幸ひに神の助けあらば，南海に吹か<u>れ</u>おはしぬべし．（竹取物語）
（5）親，同胞（はらから）のうちにても，思は<u>るる</u>思はれぬがあるぞ，いとわびしきや．（枕草子　世の中になほいと心憂きものは）
（6）式部の丞資業（すけなり）ぞまゐりて，所々（ところどころ）のさし油ども，ただ一人差し入れ<u>られ</u>てありく．（紫式部日記）

(2) す　さす　しむ

[活用] 下二段型

	未然形	連用形	終止形	連体形	已然形	命令形
す	せ	せ	す	する	すれ	せよ
さす	させ	させ	さす	さする	さすれ	させよ
しむ	しめ	しめ	しむ	しむる	しむれ	しめよ[2]

［接続］未然形につく．
「す」は動詞の四段・ナ変・ラ変に，「さす」はそれ以外の動詞につく．「しむ」は形容詞の場合は補助活用につく．

①使役〈……<u>せる</u>，……させる〉
　　他にその動作をさせる意を表す．
　例）今宵，かかることと声高にものも言は<u>せ</u>ず．（土佐日記）〈今宵は，このようなことと大声ではものを言わせない〉
　例）うち臥（ふ）したまへるに，僧都の御弟子，惟光を呼び出で<u>さす</u>．（源氏物語　若紫）〈寝ていらっしゃった時に，僧都の御弟子の僧が惟光を呼び出させる〉
　例）愚かなる人の目を喜ば<u>しむる</u>楽しみ，またあぢきなし．（徒然草　38）〈愚か

---
[2] 上代には，命令形「しめ」が用いられた．

5.2 未然形接続の助動詞（Ⅰ）

な人の目を喜ばせるような楽しみも，またつまらないものである〉

②尊敬〈お……になる，……なさる〉

その動作をする人に対する尊敬の意を表す．

例）人目を思して，夜の御殿に入ら<u>せ</u>たまひても，まどろま<u>せ</u>たまふことかたし．（源氏物語　桐壺）〈他人の目を思んばかって，夜寝るための建物にお入りになっても，熟睡なさることができない〉

例）御胸のみつとふたがりて，つゆまどろまれず，明かしかね<u>させ</u>たまふ．（源氏物語　桐壺）〈（帝は）胸がぐっとふさがって，少しも熟睡することができず，一夜をあかしかねておいでである〉

尊敬の用法は平安時代以降に見え，必ず尊敬の動詞または補助動詞に接して用いられる．「せたまふ」「させたまふ」は尊敬の意を強めた最高の敬意を表すことが多い．

例）「夜ふけぬさきに帰ら<u>せ</u>おはしませ」と申せば，（源氏物語　夕顔）〈「夜が更ける前にお帰りあそばしませ」と申し上げると，〉

例）御渡りのことども，心まうけ<u>させ</u>たまふ．（源氏物語　早蕨）〈お出かけのことなどを，準備させなさる〉

【補　説】

a 《「す」「さす」「しむ」の本義》いずれも使役が本義で，高貴な人は人を使って物事を行うことから尊敬の意が生じた．ちなみに，「す」はサ変動詞「す」と同源のものと考えられる．

b 《「しむ」の使用》「しむ」は上代にすでに使役の助動詞として用いられていて，平安時代以降は漢文訓読調の文章に使用された．さらに鎌倉時代以降は，軍記や説話でも使用されるようになる．

c 《「す」「さす」の使用と接続》「す」「さす」は上代にはまだ用いられず，平安時代になって和文系の文章に使用されるようになった．また，「す」「さす」は，「あり」や形容詞には原則として接続しない（「しむ」にはこうした接続に関する制限はない）．

d 《謙譲語に付く用法》謙譲語「申す」「奉る」「参る」などに付いて，謙譲を強める用法もある．

例）「月たちてのほどに，御消息を申<u>さ</u>せはべらむ」と申したまふ．（源氏物語　夢浮橋）〈「月が変わった頃にご案内を申させることにいたしましょう」と申し上げられる〉

e 《上代の四段活用「す」》上代には四段活用の「す」（四段活用動詞の未然形につく）があり，軽い尊敬や親愛の意を表した．この尊敬の「す」は，平安時代以降も「おぼす」「きこしめす」「しろしめす」などの語のなかに残っている．

例）この岡に菜摘ます児　家告ら<u>せ</u>名告ら<u>さ</u>ね（万葉集　1）〈この丘で名をお摘みになる子よ，家系をおっしゃってください，名を名乗ってください〉

練習問題15

次の下線部の意味は，(a) 使役，(b) 尊敬のいずれであるか，記号で答えなさい．

(1) 人々に歌詠ま<u>せ</u>たまふ．（伊勢物語　78）

(2) 妻の嫗に預けて養はす．（竹取物語）
(3) よろづのことを泣く泣く契りのたまはすれど，（源氏物語　桐壺）
(4) 月の都の人まうで来ば，捕らへさせむ．（竹取物語）
(5) この幣の散る方に，御船すみやかに漕がしめたまへ．（土佐日記）

5.3　未然形接続の助動詞（Ⅱ）（む　むず　まし　まほし　ず　じ）

(1) む　むず

[活用]「む」は四段型，「むず」はサ変型

	未然形	連用形	終止形	連体形	已然形	命令形
む	○[3]	○	む	む	め	○
むず	○		むず	むずる	むずれ	○

[接続]　未然形につく．

① 推量〈……う，……だろう〉

　不確かなことや，まだ実現していないことについての判断（推量）を表す．

　例）荒れたる所は，狐などやうのものの人おびやかさむとて，け恐ろしう思はするなら**む**．（源氏物語　夕顔）〈荒れた所は，狐のようなものが人を脅そうとして，恐ろしく思わせるのだろう〉

　例）この月の十五日に，かのもとの国より迎へに人々まうで来**むず**．（竹取物語）〈今月の十五日に，あのもといた国から迎えに人々が参上するでしょう〉

② 意志〈……う，……たい〉

　話し手の意志や希望を表す．

　例）御送りしてとく去な**む**と思ふに，大御酒たまひ禄たまは**む**とて，つかはさざりけり．（伊勢物語　83）〈（馬頭なる翁は惟喬親王を）宮にお送りして早くおいとましようと思うが，（親王は）御酒や禄を下そうと言って，帰してやらなかった〉

　例）この蛍のともす火にや見ゆらむ，ともし消ちな**むずる**．（伊勢物語　39）〈この蛍のともす灯に姿が透けて見えているだろうか，消してしまおう〉

③ 勧誘・適当〈……てはどうか，……のがよい〉

　相手に勧めたり，それが適当だと判断したりすることを表す．

---

[3]　未然形に「ま」を立てる説もあるが，これは活用語の連体形に体言化する接尾語「あく」がつく語法（これをク語法と呼ぶ）による「むあく」が変化して「まく」となったもので，本来の未然形ではない．

例）忍びては参りたまひな**む**や．（源氏物語　桐壷）〈こっそりと参内なさいませんか〉

例）この御格子は参らでやあら**むずる**．（落窪物語　1）〈この御格子はお上げしないでよいだろうか〉

④仮定・婉曲〈もし……たら，……ような〉

仮定したり，婉曲に表現したりするのに用いる．

例）恋しから**む**をりをり，取り出でて見たまへ．（竹取物語）〈恋しく思うときには取り出してご覧ください〉

例）さる所へまから**むずる**も，いみじく侍らず．（竹取物語）〈そういうところへ参るでしょうが，そのこともうれしくありません．〉

【補　説】

a 《「む」の本義》実現していない不確かなことがらを表すのが「む」の本義である．事態が不確かであることを述べると①の意に，実現していないことの実現を望むと②③の意に，仮に想定して述べると④の意となる．

b 《主語の人称と意味との関係》①～③の意味の違いは，次のように用言の主語が話し手（一人称）か，聞き手（二人称）か，他者（三人称）かによっても区別できる．
　　　一人称……意志（②）　　二人称……勧誘・適当（③）　　三人称……推量（①）

c 《構文と意味との関係》
　　　疑問語を受ける　　　　　　　　　　　……推量（①）
　　　「……てむ（や）」「……なむ（や）」　　　　　　　　　　　　　
　　　会話文中の「こそ……め」　　　　　　｝……勧誘・適当（③）
　　　連体形「む」＋体言・格助詞「に」「を」・係助詞　　……仮定・婉曲（④）

d 《「むず」の口語性》平安時代から現れた「むず」は会話文中に用いられることが多い．また，「む」と比較して，客観的で確実性のある推量や，より強い意志を表す．鎌倉時代以降は軍記などで多用され，「うず」という形でも用いられるようになる．ちなみに，『枕草子』には，「むず」を「むとす」の俗用としてとらえ，その使用を戒める記述がある．

e 《「むずらむ」の形》「むず」に推量の助動詞「らむ」がついた「むずらむ」という形が平安時代以降に見られる．これは，「むず」の強い推量を「らむ」が和らげたもので，推量《…だろう》と訳す．

f 《「む」「むず」の語源》「む」は，動詞「見る」が上一段活用に定着する以前の古い活用である無語幹のマ行四段動詞に由来すると考えられる．「むず」は，古い活用である無語幹のマ行四段活用の連用形「み」にサ変動詞「す」がついた「みす」が変化したものと考えられる．

g 《「む」の発音》「む (mu)」は平安時代にはm（のちにはn）と発音されるようになり，「ん」とも表記された．「らむ」「けむ」の「む」もこれと同様に「らん」「けん」とも書かれた．一方，「むず」も「んず」とも書かれるが，この「む」「ん」の実際の発音は「み」から転じたものであるから，成立当初からmuではなく，mであったと見られる．

練習問題 16

次の下線部の意味を a ～ d から選び，記号で答えなさい．
  a．推量 b．意志 c．勧誘・適当 d．仮定・婉曲

(1) 月の出でたら<u>む</u>夜は，見おこせたまへ．（竹取物語）
(2) いつしか御崎(みさき)といふ所渡ら<u>む</u>．（土佐日記）
(3) 少納言よ，香炉峰の雪いかなら<u>む</u>．（枕草子　雪のいと高う降りたるを）
(4) 子三人(みたり)を呼びて語りけり．二人(ふたり)の子は情(なさけ)なく答へて止(や)みぬ．三郎なりける子なむ，「よき御男(おとこ)ぞ出で来<u>む</u>」と合はするに，この女，気色(けしき)いとよし．（伊勢物語 63）
(5) 我が子の仏(ほとけ)，変化(へんげ)の人と申しながら，ここら大(おほ)きさまで養ひたてまつる心ざしおろかならず．翁の申さ<u>む</u>ことは聞きたまひて<u>む</u>や．（竹取物語）
(6) かくても，おのづから若宮など生(お)ひ出でたまはば，さるべきついでもありな<u>む</u>．命長くとこそ思ひ念(ねん)ぜめ．（源氏物語　桐壺）

(2) まし

[活用] 特殊型

	未然形	連用形	終止形	連体形	已然形	命令形
まし	（ませ）ましか	○	まし	まし	ましか	○

※未然形「ませ」は上代に用いられた．平安時代では，和歌にのみ見られる．
[接続] 未然形につく

①反実仮想〈もし……だったら……だろうに〉
　現在の事実とは反対の事柄を想定して，その場合の事柄を推量する．
　例）もし海辺にて詠(よ)まま<u>しか</u>ば，「波立ち障(さ)へて入れずもあらなむ」とも詠みてま<u>し</u>や．（土佐日記）〈もし海辺で詠んだのだったら，「波立ち障へて入れずもあらなむ」というようにも詠んだだろうに〉

②意志・ためらい〈……ようかしら〉
　ためらいを含んだ意志を表す．（多く疑問語を伴って用いられる）
　例）いかにせ<u>まし</u>．（源氏物語　明石）〈どのようにしようかしら〉

③不可能な希望〈……たらいいのに〉
　実際にはかなわない物事に対する希望を表す．
　例）見る人もなき山里の桜花ほかの散りなむのちぞ咲か<u>まし</u>（古今集　68）〈見てくれる人もいない山里の桜の花よ，ほかの花が散りつくしたら，その後にこそ咲いたらいいのに〉

④単純な意志・推量〈……だろう〉

不確かなことや，まだ実現していないことについての判断（推量）を表す．鎌倉時代以降，「まし」が衰退し，「む」と同じような働きをするようになってからの用法．
例）うららかに言ひ聞かせたらんは，おとなしく聞こえな**まし**．（徒然草 234）
〈はっきりと言い聞かせてやるようなら，穏やかに聞こえるだろう〉

【補 説】
a 《「まし」の本義》「まし」は「む」と同様に推量の助動詞と呼ばれるが，事態の捉え方に違いがある．「む」は，ある事態を確認できない場合の判断を表すのが本義であるが，「まし」は，ある事態をこの世に存在しないものとして判断を表すことが本義である．
b 《「まし」の構文》「まし」は次のような仮定条件の構文で用いられることが多い．

ませば（多くは奈良時代）
ましかば（平安時代以降）　　　……まし
せば[4)]
未然形＋ば

例）悔しかもかく知ら**ませ**ばあをによし国内ことごと見せ**まし**ものを（万葉集 797）
〈くやしいことだ，こうだと知っていたら，国内をすべて見せただろうに〉
例）世の中に絶えて桜のなかりせば春の心はのどけからか**まし**（伊勢物語 82）
〈この世の中にまったく桜がなかったとしたら，春の人の心はのんびりとしたものであったろうに〉

次の例のように，構文の一部が省略されることもある．その場合，残念な気持ちを表すことが多い．
例）かなたの庭に，大きなる柑子の木の，枝もたわわになりたるが，まはりをきびしく囲ひたりしこそ，少しことさめて，この木なから**ましか**ばと覚えしか．（徒然草 11）〈向こうの庭に大きな柑子の木で，枝もたわわに撓ってるのが，周りをしっかりと囲ってあったのが，少し興がさめて，この木がなかったらよかったのにと思われたことであった〉

c 《「ましか」の用法》「ましか」は上代には「こそ」の結びとして用いられたが，平安時代以降は接続助詞「ば」について未然形として仮定条件をも表すようになった．
例）なほ春のうち鳴か**ましか**ば，いかにをかしからまし．（枕草子 鳥は）
〈やはり春の間だけ鳴くのであれば，どれほど情趣深かったことだろうに〉

d 《「まし」の語源》助動詞「む」の形容詞形であると考えられる．

練習問題17

次の下線部「まし」の意味をa・bから，活用形をC・Dから選び，記号で答えなさい．
　[意味] a. 反実仮想　b. 意志　[活用形] C. 終止形　D. 連体形
（1）音には聞けども，いまだ見ぬ物なり．世にある物ならば，この国にも持てまうで来な<u>まし</u>．（竹取物語）

[4)]「せば」の「せ」は過去の助動詞「き」の未然形，またはサ変「す」の未然形とする説がある．

(2) 時ならず降る雪かとぞながめまし花橘のかをらざりせば（更級日記）
(3) なほこれより深き山を求めてや跡絶えなまし．（源氏物語　明石）
(4) これに何を書かまし．上の御前には史記といふ書をなむ書かせたまへる．（枕草子　この草子）

(3) まほし

[活用] 形容詞型

	未然形	連用形	終止形	連体形	已然形	命令形
まほし	まほしから	まほしく まほしかり	まほし	まほしき まほしかる	まほしけれ	○

[接続] 未然形につく．ただし，形容詞・形容動詞にはつかない．

希望〈……たい，……たがっている，……てほしい〉
話し手の希望，他者の希望，他者への希望を表す．
例）親王の御すぢにて，かの人にも通ひ聞こえたるにやと，いとあはれに見まほし．（源氏物語　若紫）〈親王の御血統なので，あの人（藤壺）にも似ているのであろうと，いよいよしみじみと世話をしたく思う〉

【補　説】
a 《「まほし」の使用時期》ある事実の実現を望むことが本義で，平安時代に用いられるようになった．しかし，鎌倉時代以降は「たし」にとって代わられるようになる．
b 《「あらまほし」の形》「あらまほし」で一語の形容詞となり，「望ましい」の意を表す場合もある．
例）人は，かたち・ありさまのすぐれたらんこそ，あらまほしかるべけれ（徒然草1）〈人間は，容貌や容姿がすぐれているのこそ，望ましいであろう〉
c 《「まほし」の語源》状態性を表す接尾語「ま」に形容詞「ほし」がついたものと考えられる．ほかに，助動詞「む」に接尾語「く」をつけて体言化した（ク語法）「まく」に形容詞「ほし」がついたものからとする説もある．

練習問題18

括弧内の指示に従い，文脈にふさわしい活用形にしなさい．
(1) おのが行かまほし（連体形）所へ往ぬ．（竹取物語）
(2) （篳篥は）うたてげ近く聞かまほし（未然形）ず．（枕草子　笛は）
(3) 紫のゆかりを見て，続きの見まほし（連用形）おぼゆれど，（更級日記）

(4) ず

[活用] 特殊型

	未然形	連用形	終止形	連体形	已然形	命令形
ず	ざら[5]	(に) ず ざり	ず	ぬ ざる	ね ざれ	ざれ

[接続] 未然形につく．

打ち消し〈……ない〉

例）忘れがたく，口惜しきこと多かれど，え尽くさず．（土佐日記）〈わすれられない，心残りのことも多いけれども，とても書き尽くせない〉

【補 説】

a 《補助活用》連用形「ず」に「あり」がついたザリ活用（ざら/ざり/ざる/ざれ）は，主に助動詞に接続するときに用いる補助活用で，漢文訓読によく用いられた．上代では「ずき・ずけり」，平安時代からは「ざりき・ざりけり」となる．

b 《「ずは」の形》連用形「ず」に係助詞「は」のついた「ずは」は，仮定条件（もし……ないならば）を表す場合と列叙的接続〈……しないで〉を表す場合とがある．後者は主として上代に用いられたもので，平安時代の用例はほぼ和歌に限られる．また，「ずはあり」という形で強調する場合が多い．中世には，「ずんば」という形も用いられるようになる．

　例）今日来ずは明日は雪とぞ降りなまし消えずはありとも花と見ましや（古今集 63）〈もし今日来なかったならば，明日は桜の花は雪が降るように散ってしまったことだろう．たとえ雪のように消えないであったとしても，同じ花であると見るでしょうか〉

　例）なかなかに人とあらずは酒壺になりにてしかも酒に染みなむ（万葉集 343）〈なまじっか人間として生きないで，酒壺になってしまいたいものだ〉

　例）権現の徳を仰がずんば，何ぞ必ずしも幽遠の境にましまさむ．（平家物語 2 康頼祝詞）〈権現の功徳を信じ仰がなければ，どうしてこんな奥深い土地に必ずおいでになるだろうか〉

c 《撥音便の無表記》連体形「ざる」が「なり（推定）」「めり」に付くとき，「ざんなり」と撥音便化する．平安時代では，「ざなり」「ざめり」と書かれる．

d 《「ず」の語源》「ず」のナ行の活用は四段活用型で，形容詞「なし」に対応する動詞形「ぬ」（ナ行四段活用）の存在が想定される．また，終止形「ず」の語源は，上代の連用形「に」にサ変動詞「す」がついた「にす」が変化したものと考えられる．

e 《上代の連用形「に」》上代には，「飽かに」「知らに」「かてに」のように，連用形に「に」が用いられた．

　例）嘆けどもせむすべ知らに（万葉集 210）〈嘆くけれど，どうしたらよいかわからず〉

---

[5] 未然形に「な」を立てる説もあるが，これは活用語の連体形に体言化する接尾語「あく」がつく語法（これをク語法と呼ぶ）による「ぬあく」が変化して「なく」となったもので，本来の未然形ではない．

練習問題 19

括弧内の指示に従い，文脈にふさわしい活用形にしなさい．
(1) この川，飛鳥川にあら ず（→已然形）ば，淵瀬さらに変はら ず（→連用形）けり．（土佐日記）
(2) 京には見え ず（→連体形）鳥なれば，みな人見知ら ず（→終止形）．（伊勢物語 9）
(3) 幣には御心の行か ず（→已然形）ば，御船も行か ず（→連体形）なり．（土佐日記）
(4) 何事をか，のたまはむことは，うけたまは ず（→未然形）む．（竹取物語）

(5) じ

[活用] 不変化型

	未然形	連用形	終止形	連体形	已然形	命令形
じ	○	○	じ	じ	(じ)	○

[接続] 未然形につく．

① 打ち消しの推量〈……ないだろう，……まい〉
　例）さりとも，いたづらになりはてたまは じ．（源氏物語　夕顔）〈たとえ，そういう呼吸が絶えて身体が冷えた状態でも，このまま死んでおしまいになることはないだろう〉

② 打ち消しの意志〈……たくない，……まい〉
　例）その男，身を要なきものに思ひなして，京にはあら じ，東のかたに住むべき国求めに，とてゆきけり．（伊勢物語　9）〈その男は自分の身を値打ちのないものと思いこんで，京にはおるまい，東国の方に安住の地を求めるために，と思って行った〉

③ 不適当〈……のはよくない〉
　例）言ひ続くれば，みな源氏物語・枕草子などにことふりにたれど，同じことまた今さらに言は じとにもあらず．（徒然草　19）〈このように並べ立ててみると，みんな源氏物語や枕草子などに言い古されてしまっているが，同じことをまた今更こと新しく言うのはよくないというわけでもない．〉

【補　説】

a 《「じ」の本義》実現していない事柄を否定的に想像して示すのが本義である．「じ」は推量の「む」の打消に相当し，打消の「ず」に「む」の接続した「ざらむ」は「じ」とほぼ同意である．ただし，「じ」は「む」ほど意味用法が多様ではない．

b 《「じ」と「まじ」の違い》「まじ」と類似した意味をもつが，「じ」は「まじ」に比べ確信度が低く，主文の末尾にしか使われないなど用法も狭い．鎌倉時代以降，「まじ」にとってかわられ，口語としては使用されなくなっていく．

c 《主語の人称と意味との関係》「じ」の意味は「む」と同じく動詞の主語の人称によって決まる場合が多い．
　　一人称……打ち消しの意志（②）　　二人称……不適当（③）
　　三人称……打ち消しの推量（①）
d 《已然形の用例》「じ」の用例は終止形が多く，連体形は少ない．また，已然形の用例はきわめて稀である．
　　例）人はなど訪はで過ぐらむ風にこそ知られじと思ふ宿の桜を（新続古今集　153）〈あの人はどうして訪れないで時が過ぎていくのだろう．風には知られたくないと思う宿の桜を〉
e 《「じ」の語源》「ず」の上代の連用形「に」を形容詞化した「にし」が変化したものとされる．

練習問題 20

次の下線部の意味を a ～ c から選び，記号で答えなさい．
　　a．打ち消しの推量　　b．打ち消しの意志　　c．不適当
(1) 遅く来る奴ばらを待た<u>じ</u>．（竹取物語）
(2) 身さいはひあらば，この雨は降ら<u>じ</u>．（伊勢物語　107）
(3) さりとも，打ち捨ててはえ行きやら<u>じ</u>．（源氏物語　桐壺）
(4) 四條大納言隆親卿，乾鮭といふ物を供御に参らせられたりけるを，「かくあやしき物参るやうあら<u>じ</u>」と人の申しけるを聞きて，（徒然草　182）

5.4　連用形接続の助動詞（Ⅰ）（き　けり　つ　ぬ）

(1)　き　けり

[活用]「き」は特殊型，「けり」はラ変型

	未然形	連用形	終止形	連体形	已然形	命令形
き	（せ）	○	き	し	しか	○
けり	（けら）	○	けり	ける	けれ	○

[接続] 連用形につく．ただし，「き」がカ変動詞「来」・サ変動詞「す」につく場合，連体形「し」，已然形「しか」は「きーし」「きーしか」のほか，「こーし」「こーしか」「せーし」「せーしか」のように未然形につく．終止形「き」はサ変では「しき」となるが，カ変にはつかない．
①過去　「き」過去を表す〈……た〉
　　　　　　　　　話し手の直接体験した過去の事実を回想する．〈直接過去〉
　　　　「けり」過去を表す〈……た，……たそうだ〉
　　　　　　　　　人から伝聞した過去の事実を回想する．〈伝聞過去〉
　例）ほとりに松もあり<u>き</u>．（土佐日記）〈ほとりには松もあった〉

例）むかし，男あり**けり**．（伊勢物語　2）〈昔，ある男がいたそうだ〉

鎌倉時代以降文語化するとともに，「き」の直接過去と「けり」の伝聞過去という違いは意識されなくなる．

②詠嘆〈……たのだなあ〉〔「けり」だけにある用法〕

ある事柄に初めて気がついたことを詠嘆的に述べる．鎌倉時代以降は，気づきの意味をもたない単なる詠嘆を表すようになる．

例）さらば，その子なり**けり**と，思しあはせつ．（源氏物語　若紫）
〈それならば，（あの少女は）その娘の生んだ子だったのだなあと思いあたられた．〉

【補　説】

a 《「き」の本義》「き」は，過去にあった事態を述べるのが本義である．そのため，話し手が直接体験した過去を語る〈直接過去〉の用法が主である．ただし，体験していない過去の特定の出来事を述べることもある．

例）天地の分れ**し**時ゆ神さびて高く貴き駿河なる富士の高嶺を（万葉集　317）
〈天と地が分かれたときから神々しくて高く貴い駿河の国にある富士の高嶺を〉

b 《「けり」の本義》「けり」は，過去にあった事態を現在とのつながりを意識して述べることが本義であり，「回想の助動詞」とも呼ばれる．そのため，以前からあった事実に今気づいた，誰かから伝え聞いたという意で使用される．過去のある時点の出来事を表す「き」と異なる点である．ただし，話し手が直接体験したであろう出来事を「けり」で示すこともある．この場合，「き」に比べ，客観的な述べ方となる．

c 《「けらし」の形》過去の推量を表す「けらし」は，「けり」の連体形に助動詞「らし」のついた「けるらし」の転とされている．これには「けり」の形容詞形である「けらし」という説もある．

例）春過ぎて夏来に**けらし**白妙の衣ほすてふ天の香具山（新古今集　175）
〈夏が過ぎて夏がやって来たらしい，白妙の衣を干すという天の香具山に〉

d 《「てんげり」の形》完了の助動詞「つ」に「けり」が接続した「てけり」は鎌倉時代以降，「てんげり」となることがある（→5.4 (2) 補説 d）．完了の助動詞「たり」に「けり」が接続した「たりける」が現代口語で使用される「たっけ」につながる．

e 《「き」「けり」の語源》「き」はカ変動詞「来」の連用形「き」に由来すると考えられる．「けり」は助動詞「き」，もしくはカ変動詞「来」の連用形「き」に「あり」がついた「きあり」が変化したものと考えられる．

f 《未然形「せ」の用いられる構文》「き」の未然形「せ」は，「せば……まし」《仮ニ……トシタラ……ダロウニ》の構文に用いられる．

例）世の中に絶えて桜のなかり**せ**ば春の心はのどけからまし（古今集　53）〈この世の中に全く桜がなかったとしたら，春の人の心はのんびりとしたものであったろうに〉

g 《上代の未然形「けら」》未然形の「けら」は，上代に助動詞「ず」がつづく場合にも用いられた．

例）梅の花咲きたる園の青柳は縵にすべくなりに**けら**ずや（万葉集　817）〈梅の花が咲いている園の青柳は蘰にできそうになったのではないだろうか〉

練習問題 21

括弧内の指示に従い，文脈にふさわしい活用形にしなさい．
（1）あり き（→連体形）より異に恋しくのみおぼえければ，（伊勢物語　65）
（2）竜の頸の玉をえ取らざり き（已然形）ばなむ，殿へもえ参らざり き（→連体形）．（竹取物語）
（3）もの病みになりて死ぬべき時に「かくこそ思ひ き（→已然形）」と言ひけるを，（伊勢物語　45）

(2) つ　ぬ

[活用]「つ」は下二段型，「ぬ」はナ変型

	未然形	連用形	終止形	連体形	已然形	命令形
つ	て	て	つ	つる	つれ	てよ
ぬ	な	に	ぬ	ぬる	ぬれ	ね

[接続] 連用形につく．
①完了〈……た，……てしまう〉
　　ある時点において動作や変化が成立，完了したことを表す．
　例）雀の子を犬君が逃がしつる．（源氏物語　若紫）〈雀の子を犬君がにがしてしまった〉
　例）秋来ぬと目にはさやかに見えねども風の音にぞおどろかれぬる（古今集 169）〈秋が来たと目にははっきり見えないけれど，風の音で秋の訪れを自然に気づかされたことだ〉
②強意（確述）〈きっと……，たしかに……〉
　　動作が確かに行われることを強調して述べる．
　例）御船返してむ．（土佐日記）〈お船を引き返そう〉
　例）潮満ちぬ．風も吹きぬべし．（土佐日記）〈潮が満ちた．風もきっと吹くに違いない〉
③並立〈……たり……たり〉
　　二つの動作が並び行われることを表す．
　例）僧都，乗つては降りつ，降りては乗りつ，あらまし事をぞしたまひける．（平家物語　3　足摺）〈僧都は船に乗っては下りたり，下りては乗ったりして，自分の船に乗りたい気持ちを表された〉
　例）皆紅の扇の日出だしたるが，白波の上に漂ひ，浮きぬ沈みぬ揺られければ，（平家物語　11　那須与一）〈真紅の扇で金色の日の丸を描き出したのが，白波の上に漂って，浮いたり沈んだりして揺られていたので〉

【補　説】

a 《「つ」「ぬ」の本義》「つ」「ぬ」ともにある時点において事態が成立，完了していることを表すことが本義である．事態の成立の確実さを述べることに重きをおくと，強意の用法となる．

b 《「つ」と「ぬ」の違い》「つ」は意志的，人為的な動きを表す動詞につき，「ぬ」は無意識的，自然的な動きを表す動詞につくという傾向が顕著である（その意味上の特徴から，うちすての「つ」，なりゆきの「ぬ」と呼ばれることもある）．従って，「つ」は他動詞に，「ぬ」は自動詞につくことが多い．「あり」には「つ」「ぬ」いずれも接続するが，「ぬ」が接続するときには，強意の意となりやすい．

　例）立ち遅れたる人々を待つとて，そこに日を暮らし<u>つ</u>．（更級日記）
　　〈遅れてやって来る人々を待つというので，そこで一晩過ごした〉
　例）はや舟に乗れ．日も暮れ<u>ぬ</u>．（伊勢物語　9）〈早く舟に乗れ．日が暮れてしまう〉

c 《強意の用法》推量の助動詞「む」「べし」「らむ」「めり」などを伴って用いられることが多い．その場合，「つ」「ぬ」は強意の意を示す．

　例）黒き雲にはかに出で来ぬ．風吹き<u>ぬ</u>べし．御船返し<u>て</u>む．（土佐日記）〈黒い雲がにわかに出て来た．きっと風が吹くに違いない．お船を引き返そう．〉
　例）命の限りはせばき衣にもはぐくみ侍り<u>な</u>む．（源氏物語　明石）
　　〈生きている限りは，せまい衣ででも育てましょう〉

　また，「つ」「ぬ」が命令形で用いられる時も強意の意を示す．

　例）いとうたて，あわたたしき風なめり．御格子おろし<u>てよ</u>．（源氏物語　野分）
　　〈まったくひどい，突然の風であるようだ．御格子をおろしてしまいなさい〉

d 《「てんげり」の形》「つ」の連用形「て」が助動詞「けり」に続く場合，鎌倉時代以降「てんげり」という形で用いられることもあった．

　例）かたき平等院にと見<u>てんげれ</u>ば，（平家物語　4　橋合戦）〈敵は平等院にいると見たので．〉

e 《「つ」「ぬ」の衰退》鎌倉時代になると，「つ」「ぬ」ともに衰退し，完了の用法は「たり」に収斂していく．

f 《「つ」「ぬ」の語源》「つ」は上代語「うつ」（棄てるの意）の語頭音節「う」が脱落したもの，「ぬ」は「いぬ」（往）の語頭音節「い」が脱落したものである．

練習問題 22

次の下線部の意味は，(a) 完了，(b) 強意（確述）のいずれであるか，記号で答えなさい．

(1) あきた．なよ竹のかぐ姫とつけ<u>つ</u>．（竹取物語）
(2) とまれかうまれ，とく破り<u>て</u>む．（土佐日記）
(3) 梅が香を袖に移してとどめ<u>て</u>ば春は過ぐとも形見ならまし（古今集　46）
(4) 女いとしのびて，物越しに逢ひ<u>に</u>けり．（伊勢物語　95）
(5) 日も暮れ方になり<u>ぬ</u>めり．（更級日記）
(6) 少し秋風吹きたち<u>な</u>む時，必ず逢はむ．（伊勢物語　96）

5.5 連用形接続の助動詞（Ⅱ）（たり　けむ　たし）
付．命令形接続の助動詞　り

(1) たり　り
[活用] ラ変型

	未然形	連用形	終止形	連体形	已然形	命令形
たり	たら	たり	たり	たる	たれ	（たれ）
り	ら	り	り	る	れ	（れ）

[接続]「たり」は連用形につく．「り」は四段動詞の命令形，サ変動詞の未然形につく．「たり」「り」ともに「あり」に由来するため，ラ変動詞にはつかない．

① 完了〈……た〉

動作がすでに終わって，その結果が存続していることを表す．

例）門をたたきて，「くらもちの皇子おはし<u>たり</u>」と告ぐ．（竹取物語）〈門をたたいて，「くらもちの皇子がいらっしゃった」と告げる〉

例）富士の山を見れば，五月のつごもりに雪いと白う降れ<u>り</u>．（伊勢物語　9）〈富士山を見ると，五月の月末だというのに雪が非常に白く降り積もっている〉

② 継続〈……ている，……てある〉

動作・作用が引き続き行われていることを表す．

例）その沢にかきつばたいとおもしろく咲き<u>たり</u>．（伊勢物語　9）
〈その沢にかきつばたが風情ありげに咲いている．〉

例）顔はいと赤くすりなして立て<u>り</u>．（源氏物語　若紫）〈顔は手でこすってひどく赤くして立っている〉

【補　説】

a 《「たり」「り」の本義》「たり」「り」は，ともに「あり」に由来するため，物事の完結よりも動作が完結した結果が存続する，後の事態に影響することを表すことを本義とする．「つ」「ぬ」とともに完了の助動詞と呼ばれるが，この点が異なる．

b 《「たり」と「り」の違い》「たり」「り」ともに本質的には同じ働きをするが，「り」は動作の継続を，「たり」は結果の状態の存続を表すことが多い．平安時代中頃まで，「たり」のつく動詞に「り」が接続することはなかった．

c 《「り」の語源と接続》「り」は四段動詞とサ行変格活用動詞の連用形活用語尾のイ段音に「あり」が接続したものから成立したものである．

　　　　－i・ari → －e・ri（eは命令形活用語尾のエ段音）

そのため，四段とサ行変格活用にのみ接続する．奈良時代には，上代特殊仮名遣いによって四段活用の已然形と命令形とは同じエ段音でも別々の発音であったことが明らかにされており，「り」の接続する活用形はそのうちの命令形と同じものであった．したがって，命令形接続とする．平安時代以降は，四段に已然形と命令形の違いが見ら

れないため，かつては「り」を已然形接続としていたこともある．
d 《「たり」の語源》「たり」は，接続助詞「て」（または助動詞「つ」の連用形）に「あり」がついた「てあり」が変化したものである．
e 《「たり」から「た」へ》鎌倉時代以降，「り」が文語の使用に限られていくのに対して，「たり」は接続できる語が広がり多用され，現代語の「た」に続いていく．
f 《反復・継続の上代語「ふ」》上代には反復・継続の意を表す四段型の「ふ」（四段活用動詞の未然形につく）が用いられた．
例）もみち葉の散らふ山辺ゆ漕ぐ舟の匂ひにめでて出でて来にけり（万葉集　3704）
〈もみじ葉の散る山辺を漕ぐ舟の色に心が引かれて，出て参りました〉

練習問題 23

【1】次の下線部の意味を（a）完了，（b）継続のいずれであるか，記号で答えなさい．
(1) 男，かの女のせしやうに，しのびて立て<u>り</u>て見れば，（伊勢物語　63）
(2) 事を知<u>り</u>，世を知<u>れれ</u>ば，願はず，（方丈記）
(3) 金・銀・瑠璃色の水，山より流れ出で<u>たり</u>．（竹取物語）
(4) 講師，もの，酒おこせ<u>たり</u>．（土佐日記）

【2】次の下線部の意味を文法的に説明しなさい．
(1) ひそかに心知<u>れる</u>人と言へ<u>り</u>ける歌，（土佐日記）
(2) 月のかたぶくまで臥<u>せり</u>て，去年を思ひ出でてよ<u>める</u>．（伊勢物語　4）
(3) 酔ひ<u>たる</u>人ぞ，過ぎにし憂さをも思ひ出でて泣く<u>める</u>．（徒然草　175）

(2) けむ

[活用] 四段型

	未然形	連用形	終止形	連体形	已然形	命令形
けむ	○[6]	○	けむ	けむ	けめ	○

[接続] 連用形につく．

①過去推量〈……ただろう〉
　　過去の事態についての推量を表す．
　例）君や来し我や行き<u>けむ</u>おもほえず夢かうつつか寝てかさめてか（伊勢物語 69）〈あなたが来られたのか，私が行ったのか，よくわかりません．あれは夢だったのか，現実の出来事だったのか，眠っていたのでしょうか，目覚めていたのでしょうか〉

②過去の原因・理由の推量〈……<u>たのだろう</u>〉

---

[6] 上代に未然形に「けま」が用いられたという説もあるが，これは活用語の連体形に体言化する接尾語「あく」がつく語法（これをク語法と呼ぶ）による「けむあく」が変化して「けまく」（「うち嘆き語り<u>けまく</u>は」〈万葉集　4106〉）となったもので，本来の未然形ではない．

過去の事態について，それが生じた原因・理由を推量する．
- 例）唐土の人は，これをいみじと思へばこそ，記しとどめて世にも伝へ**けめ**．（徒然草　18）〈漢土の人は，これをいいことだと思ったからこそ，記し留めて世に伝えたのだろう〉

③過去の伝聞・婉曲〈……たとかいう，……たような〉
- 例）行平の中納言の「関ふき越ゆる」と言ひ**けむ**浦波，夜々はげにいと近く聞こえて，（源氏物語　須磨）〈行平中納言が昔「関ふき越ゆる」と言ったとかいう（浦風ならぬ）浦波の音が夜ごとなるほどたいそう近く聞こえて〉

【補　説】
a 《「けむ」の本義》「けむ」は，過去の未確認のことがらを想像し，それに対する判断を述べるのが本義である．単に過去の不確かなことを述べる場合には③の意になる．
b 《「けむ」と「らむ」「む」》「けむ」に対して，「らむ」は現在の未確認の事柄，「む」は未来の事柄や一般的な事柄に対する推量を表す．
c 《打ち消し「ず」との接続》打消「ず」が接続する場合，平安時代では「ざりけむ」となるが，上代には「ずけむ」であった．
   - 例）松がへりしひにてあれかもさ山田のをぢがその日に求め逢はず**けむ**（万葉集　4014）〈（松反り）もうろくしてしまったので，山田の爺があの日，探し出せなかったのではないだろうか〉
d 《「つらう」の形》鎌倉時代以降「つらう」が発達し，過去推量を表すようになるが，次第に文語化していった．
e 《「けむ」の語源》カ変動詞「き」，または過去の助動詞「き」の未然形に「け」があったと想定し，それに助動詞「む」がついたものかといわれる．

練習問題24

次の下線部の意味を，a〜cから選び，記号で答えなさい．

　　a．過去推量　　b．過去の原因・理由の推量　　c．過去の伝聞・婉曲
(1) いかなる所にかこの木はさぶらひ**けむ**．（竹取物語）
(2) 小夜の中山など越え**けむ**ほどもおぼえず．（更級日記）
(3) 子四つと奏してかく仰せられ議するほどに，丑にもなりに**けむ**．（大鏡　道長）
(4) 見わたせば山もとかすむ水無瀬川夕べは秋となに思ひ**けむ**（新古今集　36）

(3) たし

[活用] 形容詞型

	未然形	連用形	終止形	連体形	已然形	命令形
たし	たから	たく たかり	たし	たき たかる	たけれ	○

[接続] 連用形につく．ただし，形容詞・形容動詞にはつかない．

希望〈……たい，……たがっている，……ほしい〉
話し手の希望，他者の希望，他者への希望を表す．
例）御覧ぜられたきことありて，御本を御覧ずれども，御覧じ出されぬなり．（徒然草　238）〈御覧になりたいことがあって，御本を御覧になるが，見つけなさることができない〉

【補　説】
a 《「たし」の本義》ある事態の成立を望む意が本義である．現代語「たい」と異なり，他者の希望や他者への希望も表せる．
b 《「たし」と「まほし」》「まほし」は平安時代に用いられ，「たし」は平安時代末期以降使用されるようになった．現代語の助動詞「たい」は「たし」の連体形「たき」のイ音便形に由来するものである．鎌倉時代以降，「まほし」は衰退していく．
c 《「たし」の口語性》「たし」は，主として口語で用いられたようで，和歌での使用は見られない．
d 《「たし」の語源》形容詞「いたし」（甚し）の語頭音節「い」が脱落したものである．

練習問題 25

次の「たし」を，文脈にふさわしい活用形にしなさい．
（1）敵に逢うてこそ死にたし，悪所に落ちては死にたしず．（平家物語　6　老馬）
（2）八島へかへりたしは，一門の中へ言ひ送って，三種の神器を都へ返し入れ奉れ．（平家物語　10　内裏女房）

5.6　終止形接続の助動詞（らし　らむ　べし　まじ　めり　なり）

(1) らし
[活用] 不変化型

	未然形	連用形	終止形	連体形	已然形	命令形
らし	○	○	らし	らし らしき	らし	○

[接続] 終止形（ラ変型には連体形）につく．

推定〈……らしい〉〈……にちがいない〉
確かな根拠に基づいて推量する．
例）春過ぎて夏来たるらし白たへの衣ほしたり天の香具山（万葉集　28）〈春が過ぎて夏がやって来たらしい．白妙の衣が干してある天の香具山に〉

【補　説】

a 《「らし」の本義》「らし」は確かな根拠に基づく客観的な推量を表すのが本義である．これに対して，「らむ」は根拠が不確かで主観的な推量を表す．そのため，「らむ」は疑問語とともに用いることが多いが，「らし」は疑問語とともに用いることはまれである．ただし，平安時代以降は，疑問語と共起する例も見られるようになり，「らむ」との違いがなくなっていく．

b 《「らし」の衰退》上代には盛んに使用されたが，平安時代以降は「らむ」「めり」の使用が多くなり，もっぱら和歌に用いられるようになった．その後，鎌倉時代には用いられなくなった．現代語の「らしい」は「男らしい」などの形容詞型活用の接尾語に由来するもので，古語の「らし」とは別の語である．

c 《「らし」の語源》ラ変動詞「あり」の形容詞形「あらし」の語頭音節「あ」が脱落したものと考えられる．

d 《上代の連体形「らしき」》上代には連体形に「らしき」があり，もともとは形容詞型の活用であったことがわかる．
　例）古へも然にあれこそうつせみも妻を争ふ<u>らしき</u>（万葉集　13）〈昔もそのようであったので，今も妻争いをするらしい〉

練習問題 26

次の下線部「らし」について文法的に説明をしなさい．
(1) 古への七の賢しき人たちも欲りせしものは酒にしある<u>らし</u>（万葉集　340）
(2) 人ごとに折りかざしつつ遊べどもいやめづ<u>らしき</u>梅の花かも（万葉集　828）
(3) 竜田川もみぢ葉流る神なびのみむろの山にしぐれ降る<u>らし</u>（新古今集　1077）

(2) らむ

[活用] 四段型

	未然形	連用形	終止形	連体形	已然形	命令形
らむ	○	○	らむ	らむ	らめ	○

[接続] 終止形（ラ変型には連体形）につく．

①現在推量〈(今ごろ)……<u>ているだろう</u>，……<u>だろう</u>〉
　現在の事態についての推量を表す．
　例）いとあやしきさまを人や見つ<u>らむ</u>．（源氏物語　若紫）〈ひどく見苦しいようすを他の人が見ただろうか〉

②現在の原因・理由の推量〈……<u>のだろう</u>，<u>どうして</u>……<u>のだろう</u>〉
　現在の事態について，それが生じる原因・理由を推量する．
　例）命をかけて，何の契りに，かかる目を見る<u>らむ</u>．（源氏物語　夕顔）
　〈いのちがけで，どういう宿縁で，このようなひどい目にあうのだろう〉

③現在の伝聞・婉曲〈……<u>とかいう</u>，……<u>ているような</u>〉
　伝聞したことを言ったり，婉曲に言ったりする．婉曲の用法は，連体形に限ら

れる．
　　例）蓬莱といふ<u>らむ</u>山にあふやと，海に漕ぎただよひありきて，（竹取物語）
　　　　〈蓬莱とかいう山に出会うだろうよと，海に漕ぎ出して漂い行き〉

【補　説】
a 《「らむ」の本義》「らむ」は確認できない事柄を想像して述べるのが本義である．
b 《「らむ」の構文》現在起きていることの原因・理由を表す表現形式には次のようなものがある．
　（ア）や……らむ
　　　例）冬ながら空より花の散りくるは雲のあなたは春にやある<u>らむ</u>（古今集　330）
　　　　〈まだ冬でありながら，空から花が散ってくるのは，雲の向こうはもう春なのだろうか〉
　（イ）疑問語……らむ
　　　例）時知らぬ山は富士の嶺いつとてか鹿子(かのこ)まだらに雪の降る<u>らむ</u>（伊勢物語　9）
　　　　〈季節をわきまえない山は富士山だ．真夏であるのに，今をいつだと思って，あちこちに鹿子まだらに雪が降り積もったままでいるのだろう〉
　（ウ）矛盾対立する関係にある二つの事柄＋らむ
　　　例）ひさかたの光のどけき春の日にしづ心なく花の散る<u>らむ</u>（古今集　84）〈日の光ものどかな春の日に，どうしてあわただしく花が散るのだろうか〉
c 《「らむ」の主語》現在起こっている事態を推量するため，一・二人称を主語とすることはない．
d 《「らむ」の語源》ラ変動詞「あり」に助動詞「む」がついた「あらむ」の語頭音節「あ」が脱落したものと考えられる．
e 《「らん」から「らう」へ》平安時代には「らん」という形でも用いられた（→5.3 (1) 補説 g）．この「らん」が変化して「らう」となり，鎌倉時代以降も使用された．

	未然形	連用形	終止形	連体形	已然形	命令形
らう	○	○	らう	らう	○	○

f 《「見らむ」の形》平安時代以前の和歌では，「見る」に付く場合，「見るらむ」ではなく，「見らむ」というように連用形につく．
　　　例）春立てば花とや見<u>らむ</u>白雪のかかれる枝にうぐひすの鳴く（古今集　6）〈立春になると，花と見間違うような白雪のかかっている枝に鶯が鳴いていることだ〉

練習問題 27

次の下線部の意味をa〜cから選び，記号で答えなさい．
　　a．現在推量　　b．現在の原因・理由の推量　　c．現在の伝聞・婉曲
(1) などや苦しきめを見る<u>らむ</u>．（更級日記）
(2) いづち去(い)ぬ<u>らむ</u>とも知らず．（伊勢物語　62）
(3) 鳥は，こと所(どころ)のものなれど，鸚鵡，いとあはれなり．人の言ふ<u>らむ</u>ことをまねぶ<u>らむ</u>よ．（枕草子　鳥は）
(4) 袖ひちて結びし水のこほれるを春立つけふの風やとく<u>らむ</u>（古今集　2）

(3) べし

[活用] 形容詞型

	未然形	連用形	終止形	連体形	已然形	命令形
べし	べから	べく べかり	べし	べき べかる	べけれ	○

[接続] 終止形（ラ変型は連体形）につく．

①推定〈<u>きっと……だろう，……にちがいない</u>〉

　確信をもった強い推量を表す．

　例）こと人々のもありけれど，さかしきもなかる<u>べし</u>．（土佐日記）〈他の人々の歌もあったけれど，ここに記すほどたいしたものもなかったようだ〉

②可能〈<u>……ことができる</u>〉

　そうすることができることを表す．

　例）その山見るに，さらに登る<u>べき</u>やうなし．（竹取物語）
　　〈その山を見ると，全く登ることができそうにない〉

③意志〈<u>……よう</u>〉

　話し手の強い意志・決意を表す．

　例）毎度ただ得失なく，この一矢に定む<u>べし</u>と思へ．（徒然草　92）〈その都度，いつも，あたりはずれを気にせず，この一本の矢だけで必ず決着を付けようと思うだろうか〉

④当然・義務〈<u>……のが当然だ，……はずだ，……なければならない</u>〉

　そうであるのが当然だ，そうしなければならいという意を表す．

　例）頼めしをなほや待つ<u>べき</u>霜枯れし梅をも春は忘れざりけり（更級日記）〈梅の花が咲いたら行こうとお約束なさったことをあてにして，まだ待ってなければならないのでしょうか．春は，霜枯れた梅さえも忘れないで，こんな美しい花を咲かせてくれたのでした．それにひきかえ，あなたは私のことなどお忘れになったのでしょう〉

⑤適当〈<u>……のがよい</u>〉

　そうするのがよいと判断する意を表す．

　例）家の作りやうは，夏をむねとす<u>べし</u>．（徒然草　55）〈家の作り方は，夏を中心にするのがよい〉

⑥命令〈<u>……せよ</u>〉

　聞き手にそうするように強く求める気持ちを表す．

　例）頼朝が首(かうべ)をはねて，わが墓の前に懸く<u>べし</u>．（平家物語　6　入道死去）
　　〈頼朝の首を切って私の墓の前に懸けよ〉

【補　説】

a **《「べし」の本義》**「べし」は，ある事柄の成立について確信をもって推量することを本義とする．事態の成立の妥当性に重きをおいて述べると④⑤⑥のような意となり，事態の成立を望むと③の意となる．

b **《主語の人称と意味との関係》**「む」と同様，用言の主語が話し手（一人称）か，聞き手（二人称）か，他者（三人称）かによって意味の違いが生じることが多い．
　　　一人称……意志　　二人称……適当・当然・命令　　三人称……推定

c **《助動詞「べらなり」》**平安時代には，「べし」の語幹に，形容動詞語幹を構成する「ら」（「きよら」などの「ら」）がついた「べらなり」が用いられた．《……するようだ》というように推量の意を込めて，婉曲に表現するもので，漢文訓読文や古今集時代の和歌の中に用いられた．接続は「べし」と同じである．形容動詞型の活用をするが，活用形に未然形と命令形はない．
　例）見わたせば松の末ごとに住む鶴は千代のどちとぞ思ふ<u>べらなる</u>（土佐日記）〈見渡すと，松の梢ごとに住んでいる鶴は，千年もつきあう親しい仲間だと思われるようだ〉

d **《「べけむ」の形》**上代および平安時代以降の漢文訓読調の文章では，推量「む」の付いた「べけむ」が用いられることがある．上代には，助動詞「む」に続く未然形に「べけ」があり，係助詞「や」を伴って反語に用いられることが多い．
　例）我老いたる親あり．また自ら福業あるによって，いまだ死に及ばず．何ぞたちまちに死ぬ<u>べけ</u>むや．（今昔物語集　9-31）〈私には年老いた親がいる．また，私自身も福があることから，まだ死ぬに至っていない．どうしてすぐに死ぬことができようか．死ぬわけにはいかない．〉

e **《音便》**連用形「べく」はウ音便「べう」に，連体形「べき」はイ音便になることがある．また，「なり（推定）」や「めり」が付くと撥音便「べかん」となる．ただし，「べかなり」「べかめり」のように書かれることが多い．

f **《「べし」の語源》**副詞「うべ」（宜）を形容詞化した「うべし」の語頭音節「う」が脱落したものと考えられ，当然そうである，そうなるはずだという判断を表すのが原義である．

練習問題 28

次の下線部中の意味をａ〜ｆから選び，記号で答えなさい．
　　a. 推定　b. 意志　c. 当然・義務　d. 適当　e. 可能　f. 命令

(1) いかがす<u>べき</u>と，思しわづらふに，（竹取物語）
(2) 風吹きぬ<u>べし</u>．（土佐日記）
(3) 宝と見え，うるはしきこと，ならぶ<u>べき</u>物なし．（竹取物語）
(4) かくては死ぬ<u>べし</u>．（伊勢物語　105）
(5) 人の歌の返しとくす<u>べき</u>を，え詠み得ぬほども心もとなし．（枕草子　心もとなきもの）
(6) 高綱，この御馬で宇治川の真っ先渡し候ふ<u>べし</u>．（平家物語　9　生ずきの沙汰）
(7) それにぞあなるとは聞けど，あひ見る<u>べき</u>にもあらでなむありける．（伊勢物語 65）

(8) 馬には弱う，水には強うあたる<u>べし</u>．（平家物語　4　橋合戦）

(4) まじ

[活用] 形容詞型

	未然形	連用形	終止形	連体形	已然形	命令形
まじ		まじく まじかり	まじ	まじき まじかる	まじけれ	○
	まじから					

[接続] 終止形（ラ変型は連体形）につく．
①打消推量〈……ないだろう，……ないにちがいない〉
　例）冬枯れのけしきこそ，秋にはをさをさ劣る**まじけれ**．（徒然草　19）〈冬枯れの景色こそ秋にもほとんど劣らないだろう〉
②打消意志〈…ないようにしよう，…ないつもりだ〉
　例）「ただ今は見る**まじ**」とて入りぬ．（枕草子　頭の中将）〈「今すぐは見ないようにしよう」と言って奥へ入った〉
③打消当然〈……ないはずだ，……てはならない〉
　例）あやしく世の人に似ず，あえかに見えたまひしも，かく長かる**まじく**てなりけり．（源氏物語　夕顔）〈不思議に世間の人と違って，はかなそうにお見えだったのも，このように命が長くないはずの運命であったからなのだった．〉
④不適当〈…ないほうがよい〉
　例）女子こそ，よく言はば，持ちはべる**まじき**ものなりけれ．（源氏物語　野分）〈娘こそは，率直にいえば，持たないほうがよいものなのでした〉
⑤不可能〈…ことができない，…できそうにない〉
　例）たはやすく人寄り来**まじき**家を作りて，（竹取物語）〈容易に人がそばにやって来ることができない家を造って〉
⑥禁止〈…てはならない，…するな〉
　例）このことはさらに御心より漏らしたまふ**まじ**．（源氏物語　柏木）〈このことは決してお心からお漏らしになってはいけません〉

【補　説】
a 《「まじ」の本義》「まじ」「じ」ともに打消推量，打消意志の用法をもつが，「まじ」の方が客観性と確信の程度が強い．また，「じ」は主文の末尾にしか使用されないが，「まじ」は，従属節の述語にも接続する（→ 5.3 (5)）．「まじ」は「べし」の打消と言われることもある．
b 《主語の人称と意味との関係》「じ」と同様，用言の主語が話し手（一人称）か，聞き手（二人称）か，他者（三人称）かによって意味の違いが生じることが多い．
　　一人称……打消意志　　二人称……不適当・打消当然・禁止
　　三人称……打消推定

c 《反実仮想の用法》「まじ」には反実仮想を表す用法もある.
　例) 女子などを持てはべらましにだに, をさをさ見はやす**まじき**には, 伝ふ**まじき**を,（源氏物語　梅枝）〈たとえ娘などを持っていたとしてさえも, これらのよさが全くわからなかったら, そのような者には伝え残すことなどできそうにありませんから〉
d 《音便》連用形「まじく」はウ音便「まじう」に, 連体形「まじき」は鎌倉時代以降「まじい」になる. さらに,「なり（推定）」「めり」がつくと「まじかん」と撥音便になる. 平安時代は, 撥音便の「ん」が表記されないことが多い.
e 《上代の「ましじ」》「まじ」は, 上代の打消推量の助動詞「ましじ」が変化して, 平安時代に用いられるようになったものである. 上代の「ましじ」は, 打消推量《…ないだろう》, 不可能〈…ことができない, …できそうにない〉の意で用いられた. ただし, ラ変動詞・ラ変型助動詞にはつかない.

	未然形	連用形	終止形	連体形	已然形	命令形
ましじ	○	○	ましじ	ましじき	○	○

練習問題 29

次の「まじ」を, 文脈にふさわしい活用形にしなさい.
(1) この女見では世にある まじ 心地のしければ,（竹取物語）
(2) このたびは, またもある まじ ばにや, いみじうこそ, 果てなむことはくちをしけれ.（枕草子　なほめでたきこと）
(3) かへり入らせたまはむことはある まじ 思して,（大鏡　花山院）
(4) 「あはれなりつる心のほどなむ, 忘れむ世ある まじ」などいひて,（更級日記）

(5) めり

[活用] ラ変型

	未然形	連用形	終止形	連体形	已然形	命令形
めり	○	めり	めり	める	めれ	○

[接続] 終止形（ラ変型は連体形）につく.
①推定〈……ようだ, ……にみえる〉
　目で見たことについて, その様態を推定する.
　例) 尼君の見上げたるに, 少しおぼえたる所あれば, 子な**めり**と見たまふ.（源氏物語　若紫）〈尼君の女の子を見上げた顔に, 少し似ている点があるので, 尼君の子であるようだと源氏はご覧になる〉
②婉曲〈……ようだ〉
　断定せず, 婉曲に表現する.
　例) 髪ゆるるかにいと長く, めやすき人な**めり**.（源氏物語　若紫）〈髪の毛がゆったりとして非常に長く, 見苦しくない人のようである〉

【補　説】

a 《「めり」の本義》視覚情報をもとにした判断を表すのが「めり」の本義である．不確実なことについて確信的に述べる「らし」に対して，「めり」は実際にはわからないが，「見たところでは，こうだ」というように，主観的に述べる場合に用いられる．
b 《「めり」の衰退》平安時代に盛んに用いられたが，和歌に使用された例は少ない．鎌倉時代以降は，擬古文以外に用いられなくなる．
c 《音便》ラ変型活用の連体形に「めり」がつくとき，連体形語尾の「る」が撥音便化して「ん」になり，その「ん」が表記されずに「なめり」「あめり」「べかめり」などとなる．
　　例）下には，思ひ砕く**べかめれ**ど．（源氏物語　須磨）〈心の内では，心を砕いているようだが，〉
d 《「めり」の語源》見るの意の「見」に「あり」がついた「みあり」が変化したものである．

練習問題30

次の下線部の意味は（a）推定，（b）婉曲のいずれであるか，記号で答えなさい．
(1) 朝ごと夕ごとに見る竹の中におはするにて知りぬ．子になりたまふべき人な<u>めり</u>．（竹取物語）
(2) よき草子などはいみじう心して書けど，必ずこそきたなげになる<u>めれ</u>．（枕草子　ありがたきもの）
(3) これは翁丸かと見させたまふに，似ては侍れど，これはゆゆしげにこそ侍る<u>めれ</u>．（枕草子　うへにさぶらふ御猫は）
(4) 簾少し上げて，花たてまつる<u>めり</u>．（源氏物語　若紫）

(6) なり

［活用］ラ変型

	未然形	連用形	終止形	連体形	已然形	命令形
なり	○	なり	なり	なる	なれ	○

［接続］終止形（ラ変型は連体形）につく．

①伝聞〈……<u>という</u>，……<u>だそうだ</u>〉
　　間接的に伝え聞いたこととして表す．
　例）男もす**なる**日記といふものを女もしてみむとて，するなり．（土佐日記）〈男もするという日記というものを女もしてみようと思ってするのである〉

②推定〈……<u>らしい</u>，……<u>ようだ</u>〉
　　音や声などで聞いたことを根拠にして推定する．
　例）秋の野に人まつ虫の声す**なり**我かと行きていざとぶらはむ（古今集　202）〈秋の野で人を待つ松虫の声がしたようだ．この私を待っているのかと，行ってさあ尋ねてみよう〉

【補　説】

a 《「なり」の本義》聴覚情報をもとにした判断を示すのが「なり」の本義である．耳にした情報をそのまま伝えると①の意に，それをもとにした判断を示すと②の意になる．判断の根拠となる情報は，単なる音（鳥の鳴き声，物音など）のこともあれば，伝え聞いた話（うわさ，伝承など）のこともある．

b 《「なり」の衰退》平安時代までは用いられていたが，鎌倉時代以降次第に文語化していく．また，連用形の例は非常に少ない．
例）暁に花ぬすびとありといふ**なり**つるを．（枕草子　関白殿二月廿一日に）〈明け方，『花盗人がいる』と言う声がしたようだったけれど，〉

c 《音便》ラ変型活用の連体形に「なり」がつくとき，連体形語尾の「る」が撥音便化して「ん」になり，その「ん」が表記されずに「ななり」「あなり」などとなる．

d 《「なり」の語源》「な」（「鳴る」の語幹）もしくは「ね」（音）に「あり」のついた「なあり」もしくは「ねあり」が変化したものといわれる．

e 《上代の接続》奈良時代はラ変型活用でも終止形に接続した．
例）葦原の中つ国はいたくさやぎてあり**なり**．（古事記　中）〈葦原の中つ国はたいそう騒いでいるようだ〉

練習問題 31

次の下線部の意味は，(a) 伝聞，(b) 推定のいずれであるか，記号で答えなさい．
(1) 明け果てぬ<u>なり</u>．帰りなむ．（枕草子　故殿の御服のころ）
(2) この女は蔵に籠りながらそれにぞあ<u>なる</u>とは聞けど，（伊勢物語　65）
(3) この十五日になむ，月の都よりかぐや姫の迎へにまうで来<u>なる</u>．（竹取物語）
(4) すはや，宮こそ南都へ落ちさせたまふ<u>なれ</u>．（平家物語　4　橋合戦）

5.7　連体形・体言・助詞接続の助動詞（なり　たり　ごとし）

(1) なり　たり

[活用] ラ変型

	未然形	連用形	終止形	連体形	已然形	命令形
なり	なら	なり (に)	なり	なる	なれ	なれ
たり	たら	たり (と)	たり	たる	たれ	たれ

[接続] 体言につく．ただし，「なり」は活用語の連体形および副詞や助詞につく．
断定〈……<u>だ</u>，……<u>である</u>〉
　そうであると断定する意を表す．
　例）この池といふは，所の名**なり**．よき人の，男につきて下りて，住みける**なり**．
　　（土佐日記）〈この池というのは場所の名前である．身分のある方が，男につき

5.7 連体形・体言・助詞接続の助動詞

従って，東に下って住んだのである〉
例）忠盛備前守たりし時，（平家物語 1 殿上闇討）〈忠盛が備前守であった時〉

【補　説】
a 《「なり」「たり」の本義と接続》「なり」「たり」ともに物事をはっきりと判断する場合に使用される．上代では「たり」と同様に「なり」も接続するのはほぼ体言に限られていたが，平安時以降体言以外にも接続するようになった．
b 《存在の意味を表す用法》場所を表す名詞について，〈……にある〉という存在の意味を表すことがある．この場合，連体形「なる」が用いられることが多い．
　　例）天の原ふりさけ見れば春日なる三笠の山に出でし月かも（古今集　406）〈広い大空を遥か遠く眺めると，今出ている月は昔春日にある三笠山に昇ったあの月だなあ〉
c 《「さなり」などの形》「なり」は，副詞（「さ・かく・しか」など）や一部の助詞に接続する場合がある．
　　例）さなりと思すに，いとうれしと思す．（宇津保物語　楼の上）〈そういうものであるようだ，とお思いになると，たいへんうれしく思われる〉
　　例）つよからぬは女の歌なればなるべし（古今集　仮名序）〈強くないのは女の歌だからであるのだろう〉
d 《連用形「に」「と」》連用形「に」「と」は「にあり」「に侍り」「にて」や「とあり」「として」の形で用いられる．
　　例）父はなほびとにて，母なむ藤原なりける．（伊勢物語　10）
　　　〈父は普通の人で，母は藤原の出身であった〉
　　例）高き家の子として，官・かうぶり心にかなひ，（源氏物語　少女）
　　　〈身分の高い家柄の子として生まれ，官位も願いのままで〉
そのうち，「にあり」は「にはあらず」「にぞある」「にこそあれ」などのように2語の間に係助詞が挿入されていることが多い．
　　例）月見れば千々に物こそ悲しけれわが身一つの秋にはあらねど（古今集　193）〈月を見るとあれこれ限りなくもの悲しくなる．私一人だけの秋ではないのだけれど〉
　　例）秋やくる露やまがふと思ふまであるは涙の降るにぞありける（伊勢物語　16）〈秋が来て本当に露が結んだのか，それとも露が間違えて季節外れに結んだのか，と見まちがえるほど，あるのは私の喜びの涙が降るのであった〉
e 《「たり」の衰退》断定の「たり」は，平安時代，和文に使用されることはほとんどなく，主として漢文訓読調の文章に用いられた．鎌倉時代になると，軍記や説話に用いられるようになる．意味上，親子，兄弟，君臣，地位・官職など特定の資格を表す語につくことが多い．
　　例）君君たらずといふとも，臣もつて臣たらずんばあるべからず．（平家物語　2　烽火之沙汰）〈主君が主君でないとしても，家臣が家臣でないようなことはあってはならない〉
f 《「なり」「たり」の語源》それぞれの連用形「に」「と」に「あり」がついた「にあり」「とあり」が変化したものである．

練習問題32

【1】次の下線部「なり」「なる」について文法的に説明しなさい．
　（1）富士の山はこの国なり．（更級日記）

(2) 汝ら，よく持て来ずなりぬ．（竹取物語）
(3) 世には心得ぬことの多きなり．（徒然草 175）
(4) かぐや姫てふ大盗人の奴が人を殺さむとするなりけり．（竹取物語）
(5) 呼びわづらひて，笛をいとをかしく吹きすまして過ぎぬなり．（更級日記）
(6) 人がらは心うつくしく，あてはかなることを好みて，こと人にも似ず．（伊勢物語 16）

【2】次の下線部「に」について文法的に説明しなさい．
(1) 何人(なにびと)の住むにか．（源氏物語 若紫）
(2) 月の都の人にて父母あり．（竹取物語）
(3) 爪のいと長くなりにたるを見て，（土佐日記）
(4) さて，やがて後(のち)，つひに今日(けふ)まで知らず．（伊勢物語 96）
(5) あやしがりて寄りて見るに，筒の中光りたり．（竹取物語）
(6) 人に恐れ，人に媚ぶるは，人の与ふる恥にあらず．（徒然草 134）
(7) 山吹の清げに，藤のおぼつかなきさましたる，すべて思ひ捨てがたきこと多し．（徒然草 19）

(2) ごとし
[活用] 形容詞型

	未然形	連用形	終止形	連体形	已然形	命令形
ごとし	○	ごとく	ごとし	ごとき	○	○

[接続] 連体形および助詞「が」「の」につく．
①比況〈……のようだ，……のとおりだ〉
　　類似している事物や状態にたとえて示す．
　例）あをによし奈良の都は咲く花のにほふが**ごとく**今盛りなり（万葉集 328）
　　　〈（あをによし）奈良の都は咲く花が照り映えるように今まっ盛りである〉
②例示〈……のようだ〉
　　例として示す意を表す．
　例）すなはち和歌・管弦・往生要集**ごとき**の抄物を入れたり．（方丈記）〈すなわち和歌・管弦・往生要集のような抄物を入れてある〉

【補　説】
　a 《「ごとし」の本義》あるものごとを他のものごとに同一化してとらえるのが基本的用法である．
　b 《接続》連体形や体言に直接連なる場合（例「帰らぬごとく」「往生要集ごとき」）と助詞「の」「が」を介して接続する場合とがある．
　　例）思ひの**ごとく**も，のたまふかな．（竹取物語）〈思った通りにもおっしゃることよ〉

例）恐れをののくさま，雀の鷹の巣に近づけるが**ごとし**．（方丈記）〈恐れふるえている様子は，たとえると雀や鷹の巣に近づいたのに似ている．〉

c 《「ごとし」と「やうなり」》「ごとし」は，平安時代には多く漢文訓読調の文章に用いられる．これに対して，和文系の文章には，形式名詞「やう」に断定の助動詞「なり」がついた「やうなり」が用いられた．
例）髪は扇を広げたる**やうに**ゆらゆらとして，顔はいと赤くすりなして立てり．（源氏物語 若紫）〈髪の端は扇を広げたようで，動くたびにゆらゆらと揺れて，顔は泣いたためにひどく赤くこすって，そこに立っている〉
例）心なしのかたゐとは，おのれが**やうなる**者をいふぞかし．（宇治拾遺物語 2-7）〈思いやりのない馬鹿者とは，お前のような者をいうのだ〉

d 《「ごとくなり」の形》平安時代以降，連用形の「ごとく」に断定の助動詞「なり」がついた「ごとくなり」も用いられた．
例）海の上，昨日の**ごとくに**風波見えず（土佐日記）〈海の上は，今日も昨日とおなじように風波が見えない〉（「ごとくに」は連用形）

e 《「ごと」の形》「ごとし」の語幹「ごと」は連用形「ごとく」と同様に用いられる．
例）身を変へたるが**ごと**なりにたり（竹取物語）〈別人のようになってしまった〉

f 《「ごとし」の語源》同じの意を表す副詞「こと」が濁音化した「ごと」を形容詞化したものと考えられる．
例）**こと**降らば袖さへ濡れて通るべく降らなむ雪は空に消えつつ（万葉集 2317）〈同じように降るなら袖までも濡れて通るほどに，降ってほしい雪が空で消えてしまっている〉

練習問題 33

次の下線部の意味は，（a）比況，（b）例示のいずれであるか，記号で答えなさい．
（1）おごれる人も久しからず，ただ春の夜の夢の<u>ごとし</u>．（平家物語 1 祇園精舎）
（2）風に堪へず，吹き切られたる焔，飛ぶが<u>ごとく</u>して，一，二町を越えつつ移りゆく．（方丈記）
（3）楊貴妃<u>ごと</u>きは，あまり時めきすぎて悲しきことあり．（大鏡 道長）

練習問題 34

（「文法的に説明しなさい」については目次 iii ページ「本書を読むにあたっての注意点」6 を参照）

【1】次の下線部「き」について文法的に説明しなさい．
（1）むかし，男，武蔵の国までまどひありき<u>き</u>り．（伊勢物語 10）
（2）年たけてまた越ゆべしと思ひ<u>き</u>や命なりけり小夜の中山（新古今集 987）
（3）女子の，もろともに帰らねば，いかがは悲し<u>き</u>．（土佐日記）
（4）限りなく遠くも<u>き</u>にけるかな．（伊勢物語 9）

【2】次の下線部「けり」「けれ」について文法的に説明しなさい．
（1）母こそ，ゆゑあるべ<u>けれ</u>．（源氏物語 若紫）
（2）書<u>けり</u>とも，え読み据ゑがたかるべし．（土佐日記）

第5章　助　動　詞

　　(3) おほやけの宮仕へし<u>けれ</u>ば，常にはえ参でず．（伊勢物語　85）
　　(4) 冬枯れのけしきこそ，秋にはをさをさ劣るまじ<u>けれ</u>．（徒然草　19）
　　(5) 散ればこそいとど桜はめでた<u>けれ</u>憂き世に何か久しかるべき（伊勢物語　82）
　　(6) 唐土にも，かかる事の起こりにこそ，世も乱れ悪しかり<u>けれ</u>．（源氏物語　桐壺）

【3】次の下線部「し」「しか」について文法的に説明しなさい．
　　(1) いとわび<u>し</u>．夜はいも寝ず．（土佐日記）
　　(2) その人ほどなく失せにけりと聞き侍り<u>し</u>．（徒然草　32）
　　(3) 春の夜の夢の浮橋とだえ<u>し</u>て峰に別るる横雲の空（新古今集　38）
　　(4) 昼なら<u>まし</u>かば，のぞきて見たてまつりてまし．（源氏物語　帚木）
　　(5) 価の金少なしと，国司，使に申し<u>しか</u>ば，王けいが物くはへて買ひたり．（竹取物語）

【4】次の下線部「じ」について文法的に説明しなさい．
　　(1) 唐の物は，薬のほかはなくとも事欠くま<u>じ</u>．（徒然草　120）
　　(2) いかに思し倦ん<u>じ</u>にけむと，いとほしくて，（源氏物語　葵）
　　(3) かかる所に住む人，心に思ひ残すことはあら<u>じ</u>かし．（源氏物語　若紫）
　　(4) 勢ひ猛に，ののしりたるにつけて，いみじとは見え<u>ず</u>．（徒然草　1）
　　(5) 吉野山やがて出で<u>じ</u>と思ふ身を花散りなばと人や待つらむ（新古今集　1619）

【5】次の下線部「ず」について文法的に説明しなさい．
　　(1) 主君の命を重んじて，私の命を軽ん<u>ず</u>．（平家物語　12　土佐房被斬）
　　(2) いづちもいづちも，足の向きたらむ方へ往な<u>むず</u>．（竹取物語）
　　(3) のちは世かはり時うつりにければ，世の常の人のごともあら<u>ず</u>．（伊勢物語　16）

【6】次の下線部「せ」について文法的に説明しなさい．
　　(1) 男，血の涙を流<u>せ</u>ども，とどむるよしなし．（伊勢物語　40）
　　(2) まろ，この歌の返し<u>せ</u>む．（土佐日記）
　　(3) 思ひつつ寝ればや人の見えつらむ夢と知り<u>せ</u>ば覚めざらましを（古今集　552）
　　(4) 月の都の人まうで来ば，捕らへ<u>させ</u>む．（竹取物語）
　　(5) その通ひ路に，夜ごとに人を据ゑて守ら<u>せ</u>ければ，（伊勢物語　5）
　　(6) かぐや姫に見<u>せ</u>たてまつりたまへ．（竹取物語）

【7】次の下線部「ぬ」について文法的に説明しなさい．
　　(1) などいらへもせ<u>ぬ</u>．（伊勢物語　62）
　　(2) 五色に今一色ぞ足ら<u>ぬ</u>．（土佐日記）
　　(3) 三河の国八橋といふ所に到り<u>ぬ</u>．（伊勢物語　9）
　　(4) かなしき妻子の顔をも見で死<u>ぬ</u>べきことと嘆く．（源氏物語　明石）
　　(5) 見捨てたてまつりてまかる空よりも落ち<u>ぬ</u>べき心地する．（竹取物語）

【8】次の下線部「ね」について文法的に説明しなさい．
(1) 人しげくもあら<u>ね</u>ど，たび重なりければ，（伊勢物語 5）
(3) 人の心すなほならね<u>ば</u>，偽りなきにしもあらず．（徒然草 85）
(2) 世の中に見えぬ皮衣のさまなれば，これをと思ひたまひ<u>ね</u>．（竹取物語）
(4) 玉の緒よ絶えなば絶え<u>ね</u>長らへば忍ぶることの弱りもぞする（新古今集 1034）
(5) 手も触れで月日経にける白まゆみ起き臥し夜は寝こそ寝られ<u>ね</u>（古今集 605）

【9】次の下線部「めり」「めれ」について文法的に説明しなさい．
(1) 今宵こそいとむづかしげなる夜な<u>めれ</u>．（大鏡 道長）
(2) 下には思ひ砕くべか<u>めれ</u>ど，誇りかにもてなして，（源氏物語 須磨）
(3) かぐや姫，例も月をあはれがりたまへども，このごろになりては，ただことにも侍らざ<u>めり</u>．（竹取物語）

【10】次の下線部「らむ」について文法的に説明しなさい．
(1) のたまはむことは，うけたまはらざ<u>らむ</u>．（竹取物語）
(2) 来つ<u>らむ</u>方も見えぬに，猫のいと長う鳴いたるを，（更級日記）
(3) 石のおもて，白絹(しらぎぬ)に岩を包(つつ)め<u>らむ</u>やうにてなむありける．（伊勢物語 87）
(4) ただにて帰り参りてはべ<u>らむ</u>は，証(さう)さぶらふまじきにより，（大鏡 道長）

【11】次の下線部「り」「る」「れ」について文法的に説明しなさい．
(1) 去年を思ひ出でて詠(よ)め<u>る</u>．（伊勢物語 4）
(2) 南ははるかに野の方見や<u>らる</u>．（更級日記）
(3) 明く<u>れ</u>ば尾張の国へ越えにけり．（伊勢物語 69）
(4) ひそかに心知れ<u>る</u>人と言へりける歌，（土佐日記）
(5) 志賀の浦や遠ざかりゆく波間より凍りて出づ<u>る</u>有明の月（新古今集 639）
(6) 玉の取り難か<u>り</u>しことを知りたまへればなむ，勘当あらじとて参りつる．（竹取物語）
(7) 身の後(のち)には金をして北斗をささふとも，人のためにぞわづらはる<u>べ</u>き．（徒然草 38）
(8) ありつる歌を語るに，男もいと悲しくて，うち泣か<u>れ</u>ぬ．（堤中納言物語 はいずみ）

5.8 連語の助動詞

　助動詞が相互に承接して，書き手（話し手）の事態に対する，さまざまな捉え方を表現をすることが少なくない．その場合，助動詞にはその位置する順序に一定の決まりがある．

第5章 助　動　詞

I	II	III	IV	V	VI	VII	VIII	IX	X
す さす しむ	る らる	たし	ぬ り	たり	つ	ず ざり	べし べかり まじ まじかり	けり めり	き けむ らむ らし む まし じ
使役	受身	希望	完了			打消	推量	過去・推量	

　　例）また事もなく我は害せ　られ　な　まし．（竹取物語）
　　　　　　　　　　　　　　　II　　IV　X
　　〈またわけもなく，私は殺されてしまっただろう〉
　　例）げに，かうもし　つ　べかり　けり．（源氏物語　帚木）
　　　　　　　　　　　　VI　VIII　　IX
　　〈なるほど，このようにもするべきであったのだ〉
　ただし，下線部の助動詞はそれより前の欄の語に連なることもある．
　　例）などて今まで立ち馴らさ　ざり　つ　らむ．（源氏物語　榊）
　　　　　　　　　　　　　　　　VII　VI　X
　　〈どうして今までしばしば訪れなかったのだろうか〉
　IからXにかけて，客観的な意味を表すものから主観的な意味を表すものへと並んでいることが特徴的である．助動詞の中には活用による形態変化がないもの（不変化型）があるが，それは，Xのように承接の最後尾に位置し，下に続く場合の活用形を必要としないものである．
　意味の上では，それぞれの語の表す文法的意味が連ねられた表現，たとえば上記の『竹取物語』の「られなまし」の例では「受身（られ）＋完了（な）＋推量（まし）」のように重層的構造となるが，次のような注意すべき場合もある．

(1) 完了と過去にかかわる表現

　完了と過去を表す古典語の助動詞が連ねられた場合には，話し手（書き手）の事態に対する，特に，完了や存続のありかたに対するとらえ方については留意しておく必要がある．
　　○たりき〈……ていた〉（動作の結果の状態が存続する表現）
　　○にき〈……てしまった〉（過去における完了の表現）
　　例）かくあるうちに，京にて生まれたりし女児，国にてにはかに失せにしかば，
　　　　このごろの出で立ち急ぎを見れど，何事も言はず．（土佐日記）
　　　〈このように出発する人のうちで，（ある人は）京で生まれていた女の子が，

この任国で急に亡くなってしまったので，最近の旅立ちの忙しさを見ていないがら，一言も言わない．〉
○にけり〈……てしまった〉（過去において完了した事態に今気づいたという表現）
　例）二十日の夜の月出でにけり（土佐日記）
　〈二十日の夜の月が出てしまった〉
○りけり〈……ていたのだ〉（過去において起こった事柄が現在まで続いていて，それに初めて気づいたという表現）
　例）和歌，主も，客人，他人も言ひあへりけり．（土佐日記）
　〈和歌を，主人も客人もその他の人も，たがいに詠み交わしていたのだ〉

(2) 推量にかかわる表現

「ぬ」「つ」が推量の助動詞「む」「べし」「まし」などに接続して，「なむ」「つべし」などとなる場合，物事が終結するという局面を表すというよりも，その物事の成立・完成が確実であるというニュアンスを強く示す．このような強意・確認を表す用法を「確述」と言うこともある．（→ 5.4（2）補説 c）
○なむ〈……てしまおう，……のがよい〉
　例）「今は亡き人」と，ひたぶるに思ひなりなむ．（源氏物語　桐壺）〈「今はもう死んだ人なのだ」と，ただもう思い諦めてしまおう〉
　例）同じ煙にも，のぼりなむ．（源氏物語　桐壺）〈娘と同じ煙となって，死んでしまいたい〉
○つべし〈……てしまおう，……のがよい〉
　例）かく言ひてながめつつ来るあひだに，ゆくりなく風吹きて，漕げども漕げども，後方しぞきにしぞきて，殆しくうち嵌めつべし．（土佐日記）
　〈こんなことを言って思いに耽りながらやってくるうちに，突然風が吹いて，漕いでも漕いでも，後ろへ戻るばかりで，あやうく船をひっくり返してしまいそうだ〉
これに対して「てしまう」という完了の意味が強く示される場合もある．
○てむ〈……てしまおう〉
　例）とまれかうまれ，とく破りてむ．（土佐日記）〈何はともあれ，早く破ってしまおう〉
○ぬめり〈……てしまったようだ〉（完了した事態を視覚によって判断する表現）
　例）日も暮れがたになりぬめり．（更級日記）〈日暮れになってしまったようだ〉

【補　説】
　a　《「べかりつ」の形》完了の「つ」と推量の「べし」が結びつく場合，「つべし」のほかに「べかりつ」という形でも用いられる．この場合，〈……はずだった，……べきだった〉などという意味となる．

例）などて，少しひまありぬべかりつる日ごろ，よそにへだてつらん．（源氏物語　少女）〈どうして，少し（逢えそうな）よい機会があったはずだったころは，離れて過ごしていたのでしょう〉

b 《「べからむ」の形》推量の助動詞である「べし」と「む」が承接して，「べから－む」(「べし」の未然形＋「む」）となる場合のほかに，「べからむ」は「べか（ん）らむ」の表記である場合もある．当然の推量の意味を表す場合は後者である．
「べからむ」〈…するのがよいだろう，…することができるだろう〉
例）いかがはつかうまつるべからむ．語らひ合はすべき人もなし．（源氏物語　玉鬘）〈どのようにしてさし上げるのがよいのだろうか．相談できる人もいない〉
「べか（ん）らむ」〈……はずであろう，…べきもののようだ〉
例）この人のあるべからむさま，夢に見せたまへ．（更級日記）〈この人のあるはずであろう（将来の）ようすを，夢にお見せください〉

c 《「めり」を含む連語》「めり」には，話し手にとって明確な事柄に対しても婉曲に判断する用法があり，平安時代には他の助動詞と複合して用いられることが多い．同じく推量の助動詞「べし」と複合する場合，「べか（ん）めり」〈……に違いないようだ〉，「べきな（ん）めり」〈……はずであるらしい〉の形が見える．
例）君，少しかたゑみて，「さること」とは思すべかめり．（源氏物語　帚木）〈源氏の君は少し微笑んで，「そういうもの」とお思いになられているに違いないようだ〉
例）坊にも，ようせずは，この皇子のゐたまふべきなめり．（源氏物語　桐壺）〈皇太子にも，悪くすると，この皇子がおなりになるはずであるらしい〉

練習問題35

次の下線部を，助動詞の連語に注意して現代語に訳しなさい．
(1) 昔，「忘れぬるなめり」と問言しける女のもとに，（伊勢物語　36）
(2) まして竜を捕へたらましかば，また，こともなく我は害せられなまし．よく捕へずなりにけり．（竹取物語）
(3) 白散を，ある者「夜の間」とて，船屋形に差し挟めりければ，風吹き馴らさせて，海に入れて，え飲まずなりぬ．（土佐日記）
(4) 南には，やむごとなき僧正・僧都重なり居て，不動尊の生きたまへるかたちをも，呼び出で現しつべう，頼みみ，恨みみ，声皆嗄れわたりにたる，いといみじう聞こゆ．（紫式部日記）

第6章

助　　詞

6.1　助詞とその分類

付属語で，活用がないものを助詞という．自立語に付いて，他の語との関係を示したり，種々の意味を添えたりする．助詞は，どのような語に接続するか，文においてどのような位置に用いられるか，どのような意味を表すかによって次の6つに分類される（表6.1）．

表 6.1

	接続のしかた	用いる位置	添える意味
(1) 格助詞	体言・活用語の連体形	文中	他の語に対する関係（格）を示す
(2) 接続助詞	活用語	文中	前後の意味関係を示す
(3) 係助詞	種々の語	文中	強調の意味を添え，活用語の活用形と呼応する
(4) 副助詞	種々の語	文中	後の用言の意味を限定する
(5) 終助詞	種々の語	文末	種々の意味を添える
(6) 間投助詞	種々の語	文中・文末	強調の意味を添える

このほか，並立助詞，準体助詞などを区別することがある．並立助詞は同じような内容の言葉を並べて表現するのに用いるもので，「や」「の」「なら」などがこれに属する．準体助詞は，格助詞が「もの」「こと」と同じ資格で体言のように用いられるものをいい，「の」「が」などがこれに属する．

練習問題 36

次の文中から助詞を抜き出し，6つの分類のうちどれに属するか答えなさい．
(1) 芥川といふ川を率て行きければ，草の上に置きたりける露を「かれは何ぞ」となむ男に問ひける．（伊勢物語　6）
(2) つひに行く道とはかねて聞きしかどきのふけふとは思はざりしを（古今集　861）
(3) 庵なども浮きぬばかりに雨降りなどすれば，恐ろしくていもねられず，野中に岡だちたる所に，ただ木ぞ三つたてる．（更級日記）

6.2 格助詞（の が を に へ と より から にて して）

の　　［接続］体言・活用語の連体形につく．ただし，形容詞・形容動詞の語幹，副詞，助詞にもつく．

① 連体修飾語であることを表す〈……の〉
　例）むかし，田舎わたらひしける人の子ども，井のもとに出でてあそびけるを．（伊勢物語　23）〈昔，田舎暮らしの境遇にあった人の子供たちが，井の所に出て遊んでいたのだが．〉

② 主格であることを表す〈……が〉
　例）ひさかたの光のどけき春の日にしづ心なく花の散るらむ（古今集　84）〈日の光がのどかな春の日なのに，落ちついた心もなく，桜の花はどうしてこう散り急いでいるのだろうか〉
　例）人の見咎めつべければ，御念誦堂に籠り居たまひて，日一日泣き暮らしたまふ．（源氏物語　薄雲）〈きっと人が見咎めるであろうから，念誦堂に籠っていられて，一日中泣き暮らされた．〉

③ 同格であることを表す〈……で〉
　例）女，歌よむ人なりければ，心みむとて，菊の花のうつろへるを折りて，男のもとへやる．（伊勢物語　18）〈女は歌を詠む人だったので，どうするかと思い，菊の花の衰えかかったのを折って，男の所へ歌を添えて贈る．〉

④ 比喩であることを表す〈……のように〉
　例）春日野の雪間をわけて生ひ出でくる草のはつかに見えし君はも（古今集　478）〈春日野の雪間を分けて生え出てくる草のように，わずかに姿が見えたあなたよ〉

⑤ 体言に準ずる意味に用いる〈……のもの〉
　例）草の花はなでしこ．唐のはさらなり．大和のもいとめでたし．（枕草子　草の花は）〈草の花は撫子がいい．唐の国のものは言うまでもない．大和の国のものも非常にすばらしい．〉

【補　説】
　a 《格関係を代行する連体修飾》①の連体修飾の関係はさまざまな格関係を代行しているため，現代語訳をする場合，単に「……の」に置き換えるのではなく，文脈に応じて格関係を明らかにするように心がける必要がある．
　　例）風通ふ寝覚めの袖の花の香にかをる枕の春の夜の夢（新古今集　112）
　　　　〈風が吹き通ってきて，寝覚めた私の袖には桜の花の香りが満ち，枕にも同じ香りが満ている．その枕で今しがたまで見ていた春の夜の夢よ〉
　b 《主格の用法》②の主格を表す用法は言い切りの述語に対応するものではなく，主節で

あっても連体形で結ばれる場合と，従属節に用いられた場合に限られる．
- c 《断定の用法》〈……であって〉〈……であるが，しかし〉のような断定の意味で用いられる場合がある．
  例）国の親となりて，帝王の，上なき位にのぼるべき相おはします人の，そなたにて見れば，乱れ憂ふることやあらむ．（源氏物語　桐壷）〈国の親となって，帝王のこの上ない位に当然のぼるはずの人相がおありになる人であるが，しかし帝王で見ると，心が悩み憂えることもあろうか〉
  これは，本来③同格の用法として「体言＋の」が連体形にかかるべきものが，それが流れて断定の意味として接続助詞的に用いられるに至ったものと見られる．
- d 《尊敬の「の」》「の」「が」が人を表す名詞に接続する場合，「が」は話し手がその人物に対して　親愛もしくは侮蔑の気持ちを伴って用いられ，「の」は話し手とは疎遠な関係にある，もしくは敬意を表すべき人物に付くという傾向が見られる．
  例）いかなれば四条大納言のはめでたく，兼久がはわろかるべきぞ．（宇治拾遺物語 1-10）〈どうして四条大納言（＝藤原公任）の歌はすばらしく，兼久（＝話し手自身）の歌はよくないのだろうか．〉
- e 《上代の格助詞「な」「つ」》連体修飾語を表す格助詞として古くは「な」もあった．今日でも語の一部として，「まなこ」（眼），「みなと」（港），「たなごころ」（掌）などにその痕跡が見える．これは格助詞「の」の母音交代形と考えられる．また，「つ」にも「まつげ」（睫）のほか，連体修飾語を表す例が次のように見える．
  例）沖つ波辺つ藻巻き持ち寄せ来とも君にまされる玉寄せめやも（万葉集　1206）〈沖の波が岸の藻を持って来ようとも，あなた以上のすばらしい玉を打ち寄せることがありましょうか〉

が　［接続］体言・活用語の連体形につく．
① 主格であることを表す〈……が〉
  例）雀の子を犬君が逃がしつる．（源氏物語　若紫）〈雀の子を犬君が逃がしてしまった〉
  例）兼行が書ける扉．（徒然草　25）〈兼行がかいた扉〉
② 連体修飾語であることを表す〈……の〉
  例）竹取が家に御使つかはさせたまふ．（竹取物語）〈竹取の家にお使いをお使わしになる〉
③ 同格であることを表す〈……で〉
  例）いとやむごとなき際にはあらぬが，すぐれて時めきたまふありけり．（源氏物語　桐壺）〈非常に高い身分ではない者で，たいそう寵愛を受けていらっしゃる方がいた〉
④ 体言に準ずる意味に用いる〈……のもの〉
  例）大伴の黒主がなり．（古今集　899）〈大伴の黒主のものである〉

【補　説】
- a 《主格の用法》主格を表すのは，「の」と同じく，連体形で結ばれる主節，もしくは従属節においてである．しかし，平安時代末期になると，言い切りの主節における主格を表すようになった．

例）年十二三ばかり有る若き女の，薄色の衣一重，濃き袴着たるが，扇を指し隠して，片手に高坏を取りて出で来たり．（今昔物語集 22-7）〈十二，三歳ほどの若い女が薄色の衣を一重，濃い色の袴を着ているのが，扇をかざして顔を隠し，片手に高坏を持って出てきた．〉

ただし，接続は用言の連体形に限られていた．名詞に接続するようになるのは15世紀以降である．従って，11世紀以前に成立した作品（いわゆる平安女流文学の作品など）では，②の主語を示す用法は連体修飾節などの従属節の中に限られる．

b 《軽卑の「が」》「の」「が」が人を表す名詞に接続する場合，その人物に対する尊卑の気持ちが自ずから表現されている（→「の」補説 d）．

練習問題 37

次の下線部の意味を a～e から選び，記号で答えなさい．
 a. 連体修飾語 b. 主語 c. 同格 d. 比喩 e. 準体

(1) 風の吹くこと止まねば，岸の波立ち返る．（土佐日記）
(2) 風をいたみ岩うつ波のおのれのみくだけて物を思ふころかな（詞花集 211）[1]
(3) むかし，男，友だちの人を失へるがもとにやりける．（伊勢物語 109）
(4) 右の馬頭なりける人のをなむ，青き苔をきざみて蒔絵のかたに，この歌をつけて奉りける．（伊勢物語 78）
(5) まいて雁などのつらねたるが，いと小さく見ゆるは，いとをかし．（枕草子 春はあけぼの）
(6) 鴨長明が四季物語にも，玉だれに後の葵はとまりけりとぞ書ける．（徒然草 138）
(7) 屈竟の弓の上手どもが，矢先をそろへて，差しつめ引きつめさんざんに射る．（平家物語 4 橋合戦）

を ［接続］体言・活用語の連体形につく．
連用修飾語であることを表す
 Ⅰ 動作の対象を表す〈……を〉
  例）男の着たりける狩衣の裾を切りて，歌を書きてやる．（伊勢物語 1）
  〈男の来ていた狩衣の裾を切って，歌を書いて贈る〉
 Ⅱ 通過する場所や経過する時間を表す〈……を〉
  例）夜をあかし，日を暮らす．（竹取物語）〈一夜を過ごし，一日を暮らす〉
 Ⅲ 動作の起点を表す〈……を〉

---

[1] 風が激しいので岩を打つ波がくだけるように私も心くだけるばかりに物思いをすることだなあの意．

例）境を出でて下総のいかだといふ所に泊まりぬ．（更級日記）
〈国境を出て下総のいかだという所に泊まった〉

【補　説】
　a　《逆接の用法》〈……であるのに〉という逆接の意味で用いられた場合がある．
　　　例）いと，あはれに，「朝の露に異ならぬ世を，何をむさぼる身の祈りにか」と聞きたまふに，（源氏物語　夕顔）〈まったく気の毒で，「朝露と同じこの世であるのに，何を欲ばる祈りであるのか」とお聞きになると，〉
　　　体言に接続しているため，接続助詞ではないが，本来「体言＋を」が動詞にかかるべきものが，動詞の部分が省略されて，その結果，慨嘆の気持ちを込めて下に逆接的に連なったものかと考えられる．
　b　《「に」ではなく「を」をとる動詞》「会ふ」「背く」「違ふ」「戦ふ」「問ふ」「別る」などの動詞では，動作の対象（対人関係における相手）を示す場合，古く「を」が用いられた．現代語では〈……に〉〈…と〉と訳す．
　　　例）かぐや姫を必ず会はむまうけをして，一人明かし暮らしたまふ．（竹取物語）〈かぐや姫と必ず結婚しようという準備をして，一人で月日をお送りになる〉
　c　《「を」の語源》格助詞「を」は間投助詞「を」から派生したもので，感動の対象を表す用法から転じて動作の対象を表すようになったと見られる．上代の「を」は多くは間投助詞と考えられている．

に　　［接続］体言・活用語の連体形につく．ただし，Ⅲの意味では動詞連用形にもつく．

連用修飾語であることを表す
　Ⅰ　動作の行われる場所や時を表す〈……に，……ときに〉
　　　例）平城の京ははなれ，この京は人の家まだ定まらざりける時に，西の京に女ありけり．（伊勢物語　2）〈平城京は都でなくなり，この平安京は人家がまだ落ちついていなかった時に，西の京（右京）に，ある女がいた〉
　Ⅱ　動作の対象を表す〈……に，……に対して，……に向かって〉
　　　例）なほ，守の館にて，饗応しののしりて，郎等までに物かづけたり．（土佐日記）〈やはり，国守の邸宅で大騒ぎをしてもてなし，前国守の従者にまで物をさずけた〉
　Ⅲ　動作の目的を表す〈……ために，……をしに〉
　　　例）その男，身を要なきものに思ひなして，京にはあらじ，東のかたに住むべき国求めに，とて行きけり．（伊勢物語　9）〈その男は，自分の身をねうちのないものと思いこんで，京にはおるまい，東国の方に安住の地を求めるために，と思って行ったのだった〉
　Ⅳ　原因・理由を表す〈……によって，……のために〉
　　　例）むすぶ手のしづくに濁る山の井のあかでも人に別れぬるかな（古今集　404）〈すくった手からこぼれる滴によって濁ってしまうために，満足するほど飲めない山のわき水，そのように満足できないうちにあなたにお別れしてしまっ

たことだ〉
Ⅴ 変化の結果を表す〈……に〉
例）大人になりにければ，（伊勢物語 23）〈おとなになったので〉
Ⅵ 比較の対象を表す〈……に，……と，……に比べて〉
例）歌の道のみ，いにしへに変はらぬなどいふこともあれど，（徒然草 14）
〈歌の道だけは昔に変わらないなどと言うこともあるが，〉
Ⅶ 動作の手段を表す〈……で〉
例）この皮衣は，火に焼かむに，焼けずはこそまことならめと思ひて，（竹取物語）
〈この皮衣は火で焼く場合，焼けなかったならば本当の物であろうと思って〉

【補　説】
a 《知覚の内容を示す用法》「思ふ」「聞く」「知る」「見る」など知覚を表す動詞において，その知覚の内容を示す場合にも用いられた．〈……と〉などと訳す．
例）その男，身を要なきものに思ひなして，（伊勢物語 9）〈その男は，我が身を値打ちのないものと思いこんで〉
b 《敬意を表す用法》平安時代以降，高貴な人物が動作主である場合，「に」で示して敬意を表す用法が生じた．
例）上にも聞こしめして渡りおはしましたり．（枕草子　上にさぶらふ御猫は）〈帝にもおかれてもお聞きになられて，お越しになられた〉
これは動作主であることを婉曲に表す用法で，〈……に（おかれて）は〉などと訳す．
c 《強意を表す用法》同じ動詞を「に」で重ねて強意を表すことがある．
例）ただ過ぎに過ぐるもの，帆かけたる舟．（枕草子　ただ過ぎに過ぐるもの）〈ただただ，過ぎていくものは帆を掛けた舟〉

練習問題38

【1】下の下線部「に」について文法的に説明しなさい．
(1) なほ悲しきに堪へずして，（土佐日記）
(2) いつかまた春の都の花を見む時失へる山がつにして（源氏物語　須磨）
(3) 物も言はず，頬杖をつきて，いみじく嘆かしげに思ひたり．（竹取物語）
(4) 家にいたりて門に入るに，月明かければ，いとよくありさま見ゆ．（土佐日記）
(5) 女のはける足駄にて作れる笛には，秋の鹿必ず寄るとぞ言ひ伝へはべる．（徒然草 9）
(6) めぐりあひて見しやそれともわかぬまに雲隠れにし夜半の月かげ（新古今集 1497）

【2】次の下線部の意味をa～gから選び，記号で答えなさい．
　　a. 場所・時　b. 対象　c. 目的　d. 原因・理由　e. 変化の結果
　　f. 比較の対象　g. 手段
(1) いと，暗きに来けり．（伊勢物語 6）
(2) 淡路の御の歌に劣れり．（土佐日記）

(3) 我はこの皇子に負けぬべし．（竹取物語）
(4) そのよし，いささかに物に書きつく．（土佐日記）
(5) 女の兄(せうと)，にはかに迎へに来たり．（伊勢物語　96）
(6) かぐや姫ののたまふやうに違はず作りいでつ．（竹取物語）
(7) よろづのことは，月見るにこそ慰むものなれ．（徒然草　21）
(8) 真乗院に盛親僧都とて，やんごとなき智者ありけり．（徒然草　60）
(9) 暁になりやしぬらむと思ふほどに，山の方よりあまた来る音す．（更級日記）
(10) 恨みわびほさぬ袖だにあるものを恋に朽ちなむ名こそ惜しけれ（後拾遺集　815）

へ　　［接続］体言につく．
連用修飾語であることを表し，方向を表す〈……へ〉
　例）からすの寝どころへ行くとて，（枕草子　春はあけぼの）
　　　〈烏が寝所へ行こうとして〉

【補　説】
　a　《「へ」と「に」》平安時代では「へ」は進行の方向，「に」は進行の到着点を表すというように用法上区別があったが，鎌倉時代以降この両者は混同されるようになった．
　b　《「へ」の語源》名詞「辺」から転じたもので，平安時代から用いられるようになった．

と　　［接続］体言・活用語の連体形につく．ただし，Ⅲの意味では文の終止部にもつく．
連用修飾語であることを表す
Ⅰ　一緒に動作をする相手を表す〈……と，……とともに〉
　例）人びとは帰したまひて，惟光(これみつ)朝臣(のあそん)と覗(のぞ)きたまへば，（源氏物語　若紫）〈供の者は帰らせなさって，惟光朝臣とともにお覗きになると，〉
Ⅱ　並立であることを表す〈……と〉
　例）さる折しも，白き鳥の，嘴(はし)と脚と赤き，鴫の大きさなる，水のうへに遊びつつ魚をくふ．（伊勢物語　9）〈ちょうどその時，白い鳥で，くちばしとあしとが赤く，鴫のような大きさであるものが水の上で泳ぎながら魚をくっている〉
Ⅲ　引用の内容を表す〈……と〉
　例）二十二日に和泉の国までと，平らかに願立つ．（土佐日記）
　　　〈二十二日に和泉の国まで着くようにと，順調であるよう願いを立てる〉
Ⅳ　変化の結果を表す〈……と，……に〉
　例）大家滅びて小家となる．（方丈記）
　　　〈大きい家がなくなり，小さい家となっている〉
Ⅴ　比較の対象を表す〈……に，……に比べて〉

例）かたちなどはかの昔の夕顔と劣らじや．（源氏物語　玉鬘）
〈容姿などはあの昔の夕顔に劣らないだろうよ〉
Ⅵ　比喩であることを表す〈……のように〉
例）泣く涙雨と降らなむ渡り川水まさりなば帰り来るがに[2]（古今集　829）〈泣く涙が雨のように降ってほしい，三途の川が洪水になったなら，彼女がこの世に戻ってくるだろうから〉

【補　説】
a　《強意を表す用法》同じ動詞を「と」で重ねて強意を表すことがある．
例）秋風の吹きと吹きぬる武蔵野はなべて草葉の色変はりけり（古今集　821）〈秋風が吹きに吹いた武蔵野は，草葉の色が一面に変わってしまった〉
b　《「と」の語源》「とにもかくにも」などの副詞「と」から転じたものである．

練習問題39

次の下線部の意味をa～fから選び，記号で答えなさい．
　　a．共同行為　　b．並立　　c．引用　　d．変化の結果　　e．比較の対象
　　f．比喩
（1）貧しき人を富める人となす．（徒然草　108）
（2）一夜のうちに，塵灰となりにき．（方丈記）
（3）今日来ずは明日は雪とぞ降りなまし（伊勢物語　17）
（4）少しかこつかたも我と等しからざらん人は，（徒然草　12）
（5）かかる道はいかでかいまするど言ふを見れば，（伊勢物語　9）
（6）殿の御方にさぶらふ人々と物語りしあかしつつ，（更級日記）
（7）柴の枝，梅の枝，つぼみたると散りたるとに付く．（徒然草　66）
（8）筑波嶺の峰より落つるみなの川恋ぞ積もりて淵となりぬる（後撰集　776）

とて　　［接続］体言・活用語の連体形につく．ただし，Ⅰは文の終止部にもつく．
連用修飾語であることを表す
Ⅰ　引用の内容を表す〈……と言って，……と思って〉
例）「何ごとぞや．童べと腹立ちたまへるか」とて，尼君の見上げたるに，少しおぼえたるところあれば，（源氏物語　若紫）〈「どうしたの．童女とけんかをなさったの」と言って，尼君が見上げている顔立ちに，少し似ているところがあるので〉
Ⅱ　行為の意図・目的を表す〈……として，……と思って〉
例）男もすなる日記といふものを女もしてみむとてするなり．（土佐日記）

---

[2]「がに」は上代の接続助詞「がね」に由来する語（→第6章コラム参照）．

〈男もするという日記というものを女もしてみようと思って，するのである〉
Ⅲ 原因・理由を表す〈……というわけ，……からといって〉
例）さて，春毎に咲く**とて**，桜をよろしう思ふ人やはある．（枕草子 節は）〈ところで，毎年春に咲くからといって，桜をたいしたことがないと思う人がいるだろうか〉

【補 説】
a 《「とて」と「として」》上代には「として」の形が用いられ，平安時代でも漢文訓読で使われたが，和文では「とて」が用いられるようになった．
b 《「とて」の語源》格助詞「と」に接続助詞「て」がついたもの．

より ［接続］体言・活用語の連体形につく．
連用修飾語であることを表す
Ⅰ 動作・作用の起点である時や場所を表す〈……から〉
例）二十七日．大津**より**浦戸をさして漕ぎ出づ．（土佐日記）
〈二十七日，大津から浦戸へ向けて漕ぎ出す〉
Ⅱ 通過する場所を表す〈……を，……を通って〉
例）蘆になひたる男のかたゐのやうなる姿なる，この車のまへ**より**いきけり．（大和物語 148）〈蘆を背負った，乞食のような姿である者が，この車の前を通って行った〉
Ⅲ 比較の基準を表す〈……よりも〉
例）その人，かたち**より**は心なむまさりたりける．（伊勢物語 2）
〈その人は容姿よりは心が世の人よりもまさっていたのだった〉
Ⅳ 動作の手段を表す〈……で〉
例）ただひとり徒歩**より**まうでけり．（徒然草 52）
〈ただ一人で徒歩で参ったのだった〉
Ⅴ 原因・理由を表す〈……によって〉
例）つはものどもあまた具して山へ登りける**より**なむその山をふじの山とはなづけける．（竹取物語）〈家来たちを多くつれて山に登ったことによって，その山を富士山と名付けたのだった〉
Ⅵ （動詞の連体形につき）動作が即時に起こることを表す〈……とすぐに〉
例）命婦かしこにまかでつきて門引き入るる**より**，けはひあはれなり．（源氏物語 桐壺）〈命婦はあそこに参り着いて，門を引き入れるとすぐに，あたりのようすは趣深い〉

【補 説】
a 《上代の「ゆ」「ゆり」「よ」》上代には「より」のほか「ゆ」「ゆり」「よ」も用いられた．ただし，「ゆり」「よ」の使用はあまり多くない．
例）天ざかるひなの長道**ゆ**恋ひ来れば明石の門**より**大和島見ゆ（万葉集 255）

〈地方からの長い道を通って恋しく思いながらやってくると,明石海峡から大和の山々見える.〉
例）おしてるや難波の津**ゆり**舟よそひ我は漕ぎぬと妹に告ぎこそ（万葉集　4365）
〈難波の港から舟装をして,私は漕ぎ出て行ったと妹に告げて下さい〉
例）天地の遠き初め**よ**世の中は常なきものと語り継ぎながらえ来れ（万葉集　4160）
〈天地の遠い初めから,世間は無常なものと語り継ぎ,言い継いで来ているが〉

練習問題 40

次の下線部の意味をａ〜ｆから選び，記号で答えなさい．
　　a. 起点　　b. 通過点　　c. 比較の基準　　d. 手段　　e. 原因・理由
　　f. 即時
(1) 朝**より**曇りて昼晴れたり．（伊勢物語　67）
(2) 前**より**行く水を，初瀬川（はつせがは）といふなりけり．（源氏物語　玉鬘）
(3) 火に焼けぬことよりも，けうらなること，ならびなし．（竹取物語）
(4) 時の間の煙ともなりなむとぞ，うち見る**より**思はるる．（徒然草　10）
(5) 東へ行きけるに，友だちどもに，道**より**言ひおこせける．（伊勢物語　11）
(6) 有明（ありあけ）のつれなく見えし別れ**より**暁（あかつき）ばかり憂きものはなし（古今集　625）
(7) 人夫（ひとづま）の馬**より**行くに己夫（おのづま）し徒歩（かち）**より**行けば見るごとにねのみし泣かゆ（万葉集　3314）
(8) 「あなかひなのわざや」とのたまひける**より**ぞ，思ふに違（たが）ふことをば「かひなし」とは言ひける．（竹取物語）

から　　［接続］体言・活用語の連体形につく．
連用修飾語であることを表す
Ⅰ　動作・作用の起点である時や場所を表す〈……**から**〉
　例）明けぬ**から**，舟を引きつつ上れども，（土佐日記）
　　〈夜が明けないうちから，舟を引きながら川を上るけれど〉
Ⅱ　通過する場所を表す〈……**を**，……**を通って**〉
　例）朝霧の八重山越えてほととぎず卯の花辺**から**鳴きて越え来ぬ（万葉集 1945）〈ほととぎすは，朝霧が幾重にも立ちこめている山々を越え，卯の花の咲いているあたりを通って鳴いてやってきた．〉
Ⅲ　原因・理由を表す〈……**によって**〉
　例）ながしとも思ひぞはてぬ昔よりあふ人**から**の秋の夜なれば（古今集　636）
　　〈昔から逢う人次第で長くも短くも思われる秋の夜なのだから〉
Ⅳ　動作の手段を表す〈……**で**〉
　例）徒歩（かち）**から**まかりて言ひ慰め侍らむ．（落窪物語　1）
　　〈徒歩で参って，話して心を慰めましょう〉

【補　説】
a 《「から」と「より」》Ⅰの起点を表す用法は平安時代には「より」が多用され,「から」の使用は少ない. 室町時代以降,「から」が多用されるようになった.
b 《平安時代にはない用法》Ⅱは上代だけの用法である.
c 《「からに」の形》「からに」の形で接続助詞として用いられる.
　①比較的軽い原因で重い結果が生じることを表す.〈……だけで〉〈……ばっかりに〉
　　例)大淀の浜に生ふてふ見る**からに**心はなぎぬ語らはねども (伊勢物語　75)〈大淀の浜に生えているという海松)見る,すなわちおめにかかるだけで心が和みます.契るまでのことはしなくても〉
　②原因・理由を表す.〈……ので〉〈……から〉
　　例)安からず忍びたまふ**からに**,かたみに思ひ悩みたまふべかめるも心苦しくて,(源氏物語　総角)〈不安な気持ちで人目を忍んでお通いなるので,互いに思い悩んでいらっしゃるのもお気の毒で,〉
　③動作が相次いで起こることを表す.〈……とすぐに〉
　　例)吹く**からに**秋の草木のしをるればむべ山風を嵐といふらむ (古今集　249)〈吹くとすぐに秋の草木が枯れるので,なるほど山風を「あらし」と言うのだろう〉
　④(「むからに」の形で) 逆接の確定条件を表す.〈……からといって〉
　　例)などか帝の御子ならむ**からに**,見む人さへかたほならず物ほめがちなる.(源氏物語　夕顔)〈どうして,帝のお子様だからといって,見知っている人までが完璧であるかのように褒めることが多いのか〉
d 《「から」の語源》名詞「から」(「親族」「同胞」などのカラや「殻」)に由来する.

練習問題41

次の下線部の意味をa〜dから選び,記号で答えなさい.
　　a. 起点　　b. 通過点　　c. 原因・理由　　d. 手段
(1) これかれ,訪ふべき人徒歩**から**あるまじきもあり.(蜻蛉日記　下)
(2) 「何事ぞ」とて遣り戸**から**顔をさし出でたりければ,(宇治拾遺物語　10-9)
(3) ただ我が身のありさま**から**,よろづのこと侍るめり.(源氏物語　行幸)
(4) 月夜よみ妹に逢はむと直道**から**我は来れども夜ぞふけにける (万葉集　2618)
(5) 浪の音の今朝**から**ことに聞こゆるは春のしらべやあらたまるらむ (古今集　456)

にて　　[接続] 体言・活用語の連体形につく.
連用修飾語であることを表す
Ⅰ　動作の行われる場所や時を表す〈……で〉
　例)十二**にて**御元服したまふ.(源氏物語　桐壺)〈十二歳で元服をなさる〉
Ⅱ　動作の手段や材料を表す〈……で〉
　例)女のはける足駄**にて**作れる笛には,(徒然草　9)
　　〈女のはいている足駄で作った笛には……〉
Ⅲ　原因・理由を表す〈……で,……によって〉

例）我朝ごと夕ごとに見る竹の中におはする<u>にて</u>知りぬ．（竹取物語）
〈わたしは毎日朝に夕に見る竹の中にいらっしゃることで知った〉
Ⅳ　資格・状態を表す〈……として，……<u>で</u>〉
例）ただ人<u>にて</u>朝廷の御後見をするなむ，行く先も頼もしげなること．（源氏物語・桐壺）〈臣下として朝廷の後見をするのが将来も心強く思われることだ〉

【補　説】
　a　《「にて」から「で」へ》「にて」は平安時代末期に音変化して「で」となった．
　b　《「にて」の語源》格助詞「に」に接続助詞「て」が付いたものに由来する．

練習問題42

次の下線部「にて」について文法的に説明しなさい．また，格助詞については，その意味をa〜dから選び，記号で答えなさい．
　　a．場所・時　　b．手段・材料　　c．原因・理由　　d．資格・状態
（1）船<u>にて</u>渡りぬれば，相模の国になりぬ．（更級日記）
（2）このほどに，二位，この瘡<u>にて</u>失せにけり．（栄花物語　浦浦の別れ）
（3）海の上にただよへる山，いと大き<u>にて</u>あり．（竹取物語）
（4）今日，海荒げ<u>にて</u>磯に雪降り波の花咲けり．（土佐日記）
（5）みちの国<u>にて</u>なでふことなき人の妻に通ひけるに，（伊勢物語　15）
（6）御子は，我にもあらぬ気色<u>にて</u>，肝消えゐたまへり．（竹取物語）
（7）これは，二条の后のいとこの女御の御もとに仕うまつるやう<u>にて</u>ゐたまへりけるを，（伊勢物語　6）
（8）天下を保つほどの人を，子<u>にて</u>持たれける，まことにただ人には，あらざりけるとぞ．（徒然草　184）

して　　［接続］体言・格助詞につく．
連用修飾語であることを示す
Ⅰ　動作の手段や材料を表す〈……<u>で</u>，……<u>によって</u>〉
例）そこなりける岩に指の血<u>して</u>書きつけける．（伊勢物語　24）
〈そこにあった岩に指の血で書き付けたのだった〉
Ⅱ　一緒に動作をする相手を表す〈……<u>とともに</u>，……<u>をつれて</u>〉
例）もとより友とする人，一人二人<u>して</u>行きけり（伊勢物語　9）
〈もとから友達であった人，一人二人とともに行ったのだった〉
Ⅲ　使役の相手を表す〈……<u>に</u>，……<u>に命じて</u>〉
例）楫取<u>して</u>幣たいまつらするに，（土佐日記）
〈船頭に命じて幣帛を献上させると〉

【補　説】
　a　《「をして」の形》Ⅲは，漢文訓読では格助詞「を」に付いて「をして」の形で用いられる．
　b　《「して」の語源》サ変動詞「す」の連用形に接続助詞「て」の付いたものに由来する．

練習問題 43

次の下線部「して」について文法的に説明しなさい．また，格助詞については，その意味をａ〜ｃから選び，記号で答えなさい．
　　　a．手段・材料　　b．共同行為　　c．使役の相手
（1）足ずりをして泣けどもかひなし．（伊勢物語　6）
（2）御随身，舎人して取りにつかはす．（伊勢物語　78）
（3）水をも手してささげて飲みけるを見て，（徒然草　18）
（4）火など急ぎおこして炭もて渡るもいとつきづきし．（枕草子　春はあけぼの）
（5）明けはつれば，二人していみじきことども聞こえて，（源氏物語　賢木）
（6）夕べの陽に子孫を愛して，栄(さか)ゆく末を見むまでの命をあらまし．（徒然草　7）

6.3　接続助詞（ば　とも　と　ども　ど　に　を　が　て　して　で　つつ　ながら　ものの　ものを　ものから　ものゆゑ）

接続助詞の表す条件の主なものは，次のようなものである．
　（1）仮定条件……まだ成立していない事柄を成立したとして仮定して述べるもの
　（2）確定条件……すでに成立している事柄を事実のこととして述べるもの
　（3）恒常条件……前の事柄が成立すると，恒常的に後の事柄が成立することを述べるもの
　（4）前提条件……前の事柄が成立すると，それに伴って後の事柄が成立することを述べるもの
　（5）単純接続……事柄の成立した順序に並べて述べるもの
このほか，相互の接続関係には接続詞の項で記した条件的接続・列叙的接続および順態接続（順接）・逆態接続（逆接）がある．
　条件的接続　　……前の事柄が後の事柄が成立するための条件であることを表す
　列叙的接続　　……前の事柄と後の事柄とを列挙して述べることを表す
　順態接続（順接）……前の事柄と順当な関係で後の事柄が起こることを表す
　逆態接続（逆接）……後の事柄が前の事柄から予測されることとは逆の結果であることを表す
このような条件や意味，および接続のしかたによって分類すると，次のようになる．

[接続助詞の下位分類]

（上接する活用形）

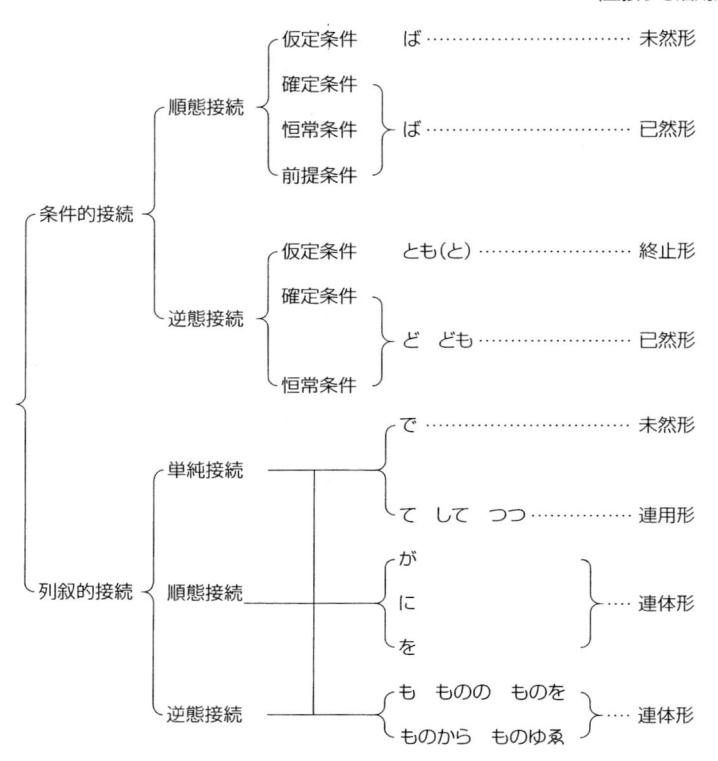

```
                    ┌ 仮定条件    ば ……………………… 未然形
                    │ 確定条件 ┐
         ┌ 順態接続 ┤ 恒常条件 ├ ば ……………………… 已然形
         │          │ 前提条件 ┘
条件的接続┤
         │          ┌ 仮定条件    とも(と) ……………… 終止形
         └ 逆態接続 ┤ 確定条件 ┐
                    │          ├ ど ども …………………… 已然形
                    └ 恒常条件 ┘

         ┌ 単純接続 ┬ で ……………………………… 未然形
         │          └ て して つつ ………… 連用形
         │          ┌ が ┐
列叙的接続┤ 順態接続 ┤ に ├ ………… 連体形
         │          └ を ┘
         │          ┌ も ものの ものを    ┐
         └ 逆態接続 ┤                     ├ 連体形
                    └ ものから ものゆゑ   ┘
```

練習問題 44

次の下線部の接続助詞に接続する語の品詞と活用形を答えなさい．
(1) かくても，おのづから若宮など生(お)ひ出でたまは<u>ば</u>，あるべきついでもありなむ．（源氏物語　桐壷）
(2) 忘るなよほどは雲居(くもゐ)になりぬ<u>とも</u>空ゆく月のめぐり逢ふまで（伊勢物語　11）
(3) かくあるうちに，京にて生まれたりし女子(をんなご)，国にてにはかに失(う)せにしか<u>ば</u>，この頃の出で立ち急ぎを見れ<u>ど</u>，何事も言はず，京へ帰る<u>に</u>，女子の亡(な)きのみぞ悲しび恋ふる．（土佐日記）
(4) 人しげくもあらね<u>ど</u>，度(たび)重なりけれ<u>ば</u>，あるじ聞きつけ<u>て</u>，その通ひ路に，夜ごとに人を据ゑてまもらせけれ<u>ば</u>，行け<u>ども</u>え逢は<u>で</u>帰りけり．（伊勢物語　5）

ば　　［接続］①は活用語の未然形につく．②は活用語の已然形につく[3]．
① （活用語の未然形について）順接の仮定条件を表す〈もし……ならば，……たら〉
　　例）名にし負は<u>ば</u>いざこと問はむ都鳥我が思ふ人はありやなしやと（伊勢物語　9）〈都という名前を持っているのならば，さあ訪ねてみよう．都鳥よ，私の愛する人は無事でいるかどうかと〉
② （活用語の已然形について）順接の確定条件を表す
Ⅰ　原因・理由を表す〈……ので，……から〉
　　例）京には見えぬ鳥なれ<u>ば</u>，みな人見知らず．（伊勢物語　9）
　　　　〈京には見えない鳥なので，皆その鳥の名前を知らない〉
Ⅱ　前提条件を表す〈……と，……ところ〉
　　例）浜を見れ<u>ば</u>，播磨の明石の浜なりけり．（竹取物語）
　　　　〈浜の方を見ると，播磨の明石の浜であったのだった〉
Ⅲ　恒常条件を表す〈……の時はいつも，……と〉
　　例）命長けれ<u>ば</u>恥多し．（徒然草　7）〈命が長ければ恥も多い〉

練習問題 45

【1】次の下線部の意味は（a）仮定条件，（b）確定条件のいずれであるか，記号で答えなさい．
　（1）明くれ<u>ば</u>尾張の国へ越えにけり．（伊勢物語　69）
　（2）しのびたれど，程なけれ<u>ば</u>，ほの聞こゆ．（徒然草　104）
　（3）用ありて行きたりとも，そのこと果てな<u>ば</u>，とく帰るべし．（徒然草　170）
　（4）盛りにならば，かたちも限りなくよく，髪もいみじく長くなりなむ．（更級日記）
　（5）日を望め<u>ば</u>，都遠し．（土佐日記）
　（6）身さいはひあら<u>ば</u>，この雨は降らじ．（伊勢物語　107）
　（7）月見れ<u>ば</u>千々に物こそ悲しけれわが身一つの秋にはあらねど（古今集　193）
【2】次の下線部「ば」に接続する語の品詞と活用形を答えなさい．
　（1）夜ふけて来れ<u>ば</u>，所々も見えず．（土佐日記）
　（2）財多けれ<u>ば</u>，身を守るにまどし．（徒然草　38）
　（3）されば，死をにくま<u>ば</u>，生を愛すべし．（徒然草　93）
　（4）我も死に，聖(ひじり)も失せな<u>ば</u>，尋ね聞きてむや．（徒然草　188）
　（5）逢ひ見ての後の心に比ぶれ<u>ば</u>昔は物も思はざりけり（拾遺集　710）

---

[3] 仮定条件は，江戸時代に，形容詞連用形に付く「－くば（－しくば）」，否定の助動詞「ず」に付く「ずば」が用いられるようになった．これらは，もともと係助詞「は」が付いた「くは」「ずは」であったが，未然形に付く「ば」の仮定条件の形式から類推して濁音化したものである．

とも　　［接続］活用語の終止形につく．ただし，形容詞型活用の語および助動詞「ず」には連用形につく．
　逆接の仮定条件を表す〈たとえ……ても〉
　　例）ちはやぶる賀茂の社の姫小松よろづ代経<u>とも</u>色は変はらじ（古今集　1100）〈（ちはやぶる）賀茂神社の姫小松は永久の時を経ても色は変わらないだろう〉

【補　説】
　a 《接続助詞「と」》逆接の仮定条件を表す接続助詞には，平安時代以降「と」も用いられたが，その例はわずかである．
　　例）嵐のみ吹くめるやどに花すすき穂に出でたり<u>と</u>かひやなからむ（蜻蛉日記　上）〈嵐ばかりが吹くような宿には，たとえ花すすきの穂が出たとしても（吹き荒らされてしまうので）無駄であろう〉
　b 《「とも」の語源》接続助詞「と」に係助詞「も」の付いたものに由来する．

練習問題 46

次の下線部「とも」について文法的に説明しなさい．
（1）主が名をば知らず<u>とも</u>，尋ねて参らせなむや．（平家物語　6　小督）
（2）あな，うれし<u>とも</u>，うれし．いづこより参りたまふぞ．（源氏物語　玉鬘）
（3）しひて「渡りたまへ」<u>とも</u>なくて，その夜は一人伏したまへり．（源氏物語　夕霧）
（4）飽かず惜しと思はば，千年過ぐす<u>とも</u>，一夜の夢の心地こそせめ．（徒然草　7）
（5）世のかしこき人なり<u>とも</u>，深き心ざしを知らでは，あひがたしと思ふ．（竹取物語）

ども　　［接続］活用語の已然形につく．
逆接の確定条件を表す
　Ⅰ　逆接の確定条件を表す〈……けれども，……が〉
　　例）弓矢を取り立てむとすれ<u>ども</u>手に力もなくなりて，（竹取物語）
　　　　〈弓矢を取り立てようとするけれども，手に力もなくなって……〉
　Ⅱ　逆接の恒常条件を表す〈……ても〉
　　例）この泊まり，遠く見れ<u>ども</u>近く見れ<u>ども</u>いとおもしろし．（土佐日記）
　　　　〈この港は遠くを見ても近くを見ても趣深い〉

【補　説】
　a 《「ども」と「ど」》平安時代では，男性の書いた，漢文訓読の影響を受けた文章には「ども」が多く，女性の書いた文章には「ど」が多いという傾向がある．
　b 《「ども」の語源》接続助詞「ど」に係助詞「も」が付いたものに由来する．

ど　［接続］活用語の已然形につく．
逆接の確定条件を表す
　Ⅰ　逆接の確定条件を表す〈……けれども，……が〉
　　例）子は京に宮づかへしければ，まうづとしけれど，しばしばえまうです．（伊勢
　　　物語　84）〈子は京に宮仕えをしていたので，参ろうとするけれども，時々も
　　　参ることはできない〉
　Ⅱ　逆接の恒常条件を表す〈……ても〉
　　例）二人行けど行き過ぎかたき秋山をいかにか君が一人越ゆらむ（万葉集　106）
　　　〈二人で行っても通過しにくい秋山を，どのようにしてあなたは一人で越えて
　　　いるのだろう〉

【補　説】
　a　《「ど」と「ども」》平安時代，女性の書いた文章には「ど」が多く用いられ，男性の書
　　いた，漢文訓読の影響を受けた文章には「ども」の使用が多いという傾向がある．

練習問題 47

【1】次の下線部の「ど」「ども」の意味は（a）逆接の確定条件，（b）逆接の恒常条件
　　のいずれであるか，記号で答えなさい．
　（1）男も人知れず血の涙を流せど，え逢はず．（伊勢物語　69）
　（2）藤原のときざね，船路なれど，馬のはなむけす．（土佐日記）
　（3）その子，孫まではしはふれにたれど，なほなまめかし．（徒然草　1）
　（4）音には聞けどもいまだ見ぬ物なり．（竹取物語）
　（5）いみじき絵師といへども，筆に限りありければ，（源氏物語　桐壺）
【2】次の下線部「とも」「ど」「ども」に接続する語の品詞と活用形を答えなさい．
　（1）恥にのぞむといふとも，怒りうらむることなかれ．（徒然草　217）
　（2）長くとも，四十に足らぬほどにて死なんこそ，めやすかるべけれ．（徒然草　7）
　（3）その後，翁・嫗，血の涙を流してまどへど，かひなし．（竹取物語）
　（4）行けども，え逢はで帰りけり．（伊勢物語　5）

に　［接続］活用語の連体形につく．
①順接の確定条件を表す．〈……ので，……から〉
　例）舟とく漕げ，日のよきに．（土佐日記）〈舟を早く漕げ，天気がよいから〉
②逆接を表す〈……のに，……のだが〉
　例）庭の面はまだかわかぬに夕立の空さりげなくすめる月かな（新古今集　267）
　　〈庭の地面はまだ乾かないのに，夕立を降らせた空はそんなことなどなかった
　　ように明るく澄んだ月であることよ〉
③単純接続を表す．〈……すると，……したところ〉

例) あやしがりて寄りて見る**に**，筒の中光りたり．（竹取物語）〈不思議に思って近寄ってみると，筒の中が光っていた〉

【補　説】
a 《累加を表す用法》「に」は累加を表すこともある．〈……その上に〉
例) さらぬだに秋の旅寝は悲しき**に**松に吹くなり床(とこ)の山風（新古今集　羇旅　967）〈そうでなくても秋の旅寝は悲しいのに，その上に松に吹いている，床の山風よ〉
b 《「むに」の形》助動詞「む」に「に」がつく場合，仮定条件を表すことがある．
例) あやしの心や．六条わたりにも，いかに思ひ乱れたまふらむ．うらみられむ**に**，苦しうことわりなり．（源氏物語　夕顔）〈変な気持ちだ．六条辺りでも，どんなにお思い悩んでいらっしゃることだろうか，怨まれるとしても，つらいながら，またもっともなことだ〉
c 《「に」の語源》接続助詞「に」は格助詞「に」から派生したものである．

を　[接続] 活用語の連体形につく．
①逆接の確定条件を表す〈……のに，……のだが〉
例) かうかう今はとてまかる**を**，何事もいささかなることもえせで遣はすこと（伊勢物語　16）〈これこれの次第で今は去って行くのに，何一つわずかなことさえもできずに行かせるのが情けないこと〉
②順接の確定条件を表す〈……ので，……から〉
例) たえて宮づかへつかうまつるべくもあらず侍る**を**，もてわづらひ侍り．（竹取物語）〈まったく宮仕えいたしそうにありませんので，もてあましております〉
③単純接続を表す〈……すると，……したところ〉
例) 女のえ得(う)まじかりけるを，年を経てよばひわたりける**を**，からうじて盗み出でて，いと暗きに来けり．（伊勢物語　6）〈得ることができそうになかった女を何年も求婚し続けてきたところ，やっとのことで盗み出して，とても暗い夜に逃げてきた〉

【補　説】
a 《意味の傾向》順接・逆接の確定条件の意味はそれほど強くはない．
b 《「を」の語源》接続助詞「を」は格助詞「を」から派生したものである．

練習問題48

【1】次の下線部「に」「を」について文法的に説明しなさい．
(1) 抜かんとする**に**，おほかた抜かれず．（徒然草　53）
(2) 日暮れぬれば，かの寮(つかさ)におはして見たまふ**に**，まことに燕(つばくらめ)巣つくれり．（竹取物語）
(3) 桂川，月の明き**に**ぞ渡る．（土佐日記）
(4) 八重葎(むぐら)茂れる宿の寂しき**に**人こそ見えね秋は来にけり（拾遺集　140）
(5) 波のいと白く立つ**を**見て，（伊勢物語　7）

(6) 八重桜は奈良の都にのみありけるを，このごろぞ世に多くなり侍るなる．（徒然草 139）
(7) 翁の命，今日明日とも知らぬを，かくのたまふ君達にも，よく思ひ定めて仕うまつれ．（竹取物語）
(8) 草葉も水もいと青く見えわたりたるに，上はつれなくて草生ひ茂りたるを，ながながとただざまに行けば，下えならざりける水の，深くはあらねど，人などの歩むにはしりあがりたる，いとをかし．（枕草子 五月ばかりなどに山里に歩く）

【2】次の下線部「に」「を」の意味をa〜cから選び，記号で答えなさい．
　　a．順接　　b．逆接　　c．単純接続
(1) よき所を求め行くに，天の河といふ所にいたりぬ．（伊勢物語 82）
(2) 久しう見たまはざりつるに，山の紅葉も珍しうおぼゆ．（源氏物語 東屋）
(3) 遣はしし人は夜昼待ちたまふに，年越ゆるまで音もせず．（竹取物語）
(4) 母，物語など求めて見せたまふに，げにおのづから慰みゆく．（更級日記）
(5) いな，まことにいみじううれしきことのよべ侍りしを，心もとなく思ひ明してなむ．（枕草子 頭の中将の）
(6) 冬の月に衾なくて，わら一束ありけるを，夕べにこれに臥し，朝にはをさめけり．（徒然草 18）
(7) 御息所，はかなき心地にわづらひて，まかでなむとしたまふを，いとまさらに許させたまはず．（源氏物語 桐壺）

が　　［接続］活用語の連体形につく．
①単純接続を表す〈……が，……のだが〉
　例）なびく気色もなかりしが，さすがに情けに弱る心にや，つひになびきたまひけり．（平家物語6 小督）〈なびく様子もなかったのだが，そうはいうもののやはり情にほだされたのであろうか，とうとうなびきなさったということだ〉
②逆接の確定条件を表す〈……のに，……けれども〉
　例）はじめは声を上げ叫びけるが，後には声もせざりけり．（保元物語 中 謀反人各召し捕らるる事）〈声を出して叫んでいたけれども，後には声もしなくなった〉

【補説】
　a 《格助詞から接続助詞へ》平安時代末期から用例が見えるようになる．格助詞「が」が主語を表す働きを弱める一方，下に続けるという接続の働きを強めていったことから，単純接続の意を派生させた．そして，前に受ける内容と後に続く内容とに矛盾があるような場合には，逆接の確定条件の意ともなった．
　　例）めでたくは書きて候ひけるが，難少々候ふ（古今著聞集 11 絵難房必ず絵を批難の事）〈すばらしくは書いてありましたが，欠点も少々あります．〉

練習問題 49

次の下線部の意味は（a）逆接の確定条件，（b）単純接続のいずれであるか，記号で答えなさい．
(1) 巳の時ばかりなりける<u>が</u>，日も漸く暮れぬ．（今昔物語集　16-24）
(2) 今井が兄，樋口次郎兼光は十郎蔵人討たんとて，河内国長野の城へ越えたりける<u>が</u>，そこにては討ちもらしぬ．（平家物語　9　樋口被討罰）
(3) さて，宇治の里人を召して，こしらへさせられければ，やすらかに結び参らせたりける<u>が</u>，思ふやうに回りて，水を汲み入るること，めでたかりけり．（徒然草　51）

て　　［接続］活用語の連用形，副詞，格助詞「と」につく．
単純接続を表す
Ⅰ　時間的継起や並立を示す〈……<u>で</u>〉
　例）解由など取り<u>て</u>，住む館より出で<u>て</u>，船に乗るべきところへ渡る．（土佐日記）
　　〈解由状などを受け取って，住んでいる官舎から出て，船に乗ることになっている場所へ行く〉
Ⅱ　原因・理由を示す〈……<u>ので</u>，……<u>から</u>〉
　例）道知れる人もなく<u>て</u>，惑ひいきけり．（伊勢物語　9）
　　〈道を知っている人もいないので，さ迷っていったのだった〉
Ⅲ　状態を表す〈……<u>ままで</u>，……<u>のようすで</u>〉
　例）暁には仏の御名を御心に入れ<u>て</u>，御声はいと尊くて申し給ふ．（伊勢物語　65）
　　〈暁には仏の御名を御心に入れたようすで，お声は非常に尊くて申し上げるなさる〉
Ⅳ　［補助動詞に続いて］動作・作用の様態をさまざまに表現する〈……<u>て</u>〉
　例）とかくの事，いと尊き老僧のあひ知り<u>て</u>はべるに，言ひ語らひつけはべりぬる．（源氏物語　夕顔）〈あれこれのことは，まことに尊い老僧で私の知っております方によく頼んでおきました〉

【補　説】
　a　《逆接の用法》前の事柄と後の事柄が対立矛盾する関係にある場合，逆接をも示す．
　　例）むかし，男，身はいやしく<u>て</u>，いとになき人に思ひかけたり．（伊勢物語　93）
　　　〈昔，男，自分の官職は低いが，比類なく高貴な人に懸想していた〉
　b　《「て」の語源》完了の助動詞「つ」の連用形から転じたものである．

練習問題 50

次の下線部の意味をａ〜ｃから選び，記号で答えなさい．
　　a．時間的継起・並立　　b．原因・理由　　c．状態

6.3 接続助詞

(1) あやまちすな．心し<u>て</u>降りよ．（徒然草 109）
(2) つらつきいとらうたげに<u>て</u>，眉のわたりうちけぶり．（源氏物語 若紫）
(3) その沢のほとりの木のかげに下りゐ<u>て</u>，かれいひ食ひけり．（伊勢物語 9）
(4) 夜更け<u>て</u>，西東も見えずして，天気のこと，楫取の心にまかせつ．（土佐日記）
(5) 人目をおぼし<u>て</u>，夜の御殿に入らせたまひても，まどろませたまふことかたし．
（源氏物語 桐壺）

して ［接続］形容詞・形容動詞型の語と助動詞「ず」の連用形につく．
単純接続を表す〈……<u>て</u>〉
　例）国のため，君のために，止むことを得ず<u>して</u>なすべきこと多し．（徒然草 123）〈国のため，君主のためにはやむを得ず行うべきことが多い〉

【補　説】
a 《「くして」などの形》接続する活用語の語尾から見ると，「くして」「にして」「として」「ずして」の形をとることになる．
　例）なよなよと<u>して</u>我にもあらぬさまなれば，（源氏物語 夕顔）
　　〈身体はなよなよとして正体もない様子であるので〉
b 《「して」の語源》サ変動詞「す」の連用形に接続助詞「て」が付いたものに由来する．

練習問題 51

次の下線部「して」について文法的に説明しなさい．
(1) 雨朦朧と<u>して</u>，鳥海の山隠る．（奥の細道 37）
(2) 近う仕うまつるかぎり<u>して</u>出でたまひぬ．（竹取物語）
(3) 男もすなる日記といふものを女も<u>して</u>みむとてするなり．（土佐日記）
(4) 旅の御姿ながら，我が御家へも寄りたまはず<u>して</u>おはしたり．（竹取物語）
(5) ただ海に波なく<u>して</u>，いつしか御崎といふ所渡らむとのみなむ思ふ．（土佐日記）

で ［接続］活用語の未然形につく．
打ち消しの意を添えて，単純接続を表す〈……ないで〉
　例）狩はねむごろにもせ<u>で</u>，酒をのみ飲みつつ，やまと歌にかかれりけり．（伊勢物語 82）〈狩は熱心にもしないで，もっぱら酒を飲みながら和歌を詠むのに熱中していた．〉

【補　説】
a 《「で」の語源》打ち消しの助動詞「ず」の古い連用形「に」に，接続助詞「て」が付いた「にて」が転じたものである．

練習問題 52

次の下線部「で」について文法的に説明しなさい．
(1) この玉取り得では，家に帰り来な．（竹取物語）
(2) 親の逢はすれども，聞かでなむありける．（伊勢物語　23）
(3) 堀弥太郎乗り移つて，三郎左衛門に組んで伏す．（平家物語　11　能登殿最期）
(4) 鎌倉よりのぼりて，尋ねまうで来たりしが，まづさし入りて，（徒然草　224）

つつ　　［接続］動詞・助動詞の連用形につく．
①反復や継続を示す〈……ては，……つづけて〉
　例）野山に交じりて竹を取りつつ，よろづのことに使ひけり．（竹取物語）
　　〈野山に分け入って竹を取っては，いろいろなことに使ったのだった〉
②二つの動作が同時に並んで行われることを示す〈……ながら〉
　例）かくあるを見つつ漕ぎゆくまにまに，（土佐日記）
　　〈このようにあるのを見ながら，漕ぎ行くに従って〉

【補　説】
　a 《詠嘆の用法》和歌で，「つつ」で言い終える場合，詠嘆の意を表すことが多い．
　　例）山里は秋こそことにわびしけれ鹿の鳴く音に目をさましつつ（古今集　214）
　　　〈山里は秋こそ特にわびしく感じられる，鹿の鳴く音に目を覚ましながら〉
　b 《「つつ」の語源》完了の助動詞「つ」の重複したものに由来する．

練習問題 53

次の下線部の意味は（a）反復・継続，（b）動作の並行のいずれであるか，記号で答えなさい．
(1) かく歌ふを聞きつつ漕ぎ来るに，（土佐日記）
(2) かくて舟ひきのぼるに，渚の院といふ所を見つつ行く．（土佐日記）
(3) 几帳のうちにうちふしてひき出でつつ見るここち，后の位も何にかはせむ．（更級日記）
(4) 白き鳥の嘴と脚と赤き，鴫の大きさなる，水の上に遊びつつ魚を食ふ．（伊勢物語　9）
(5) 田子の浦にうち出でて見れば白妙の富士の高嶺に雪は降りつつ（新古今集　675）

ながら　　［接続］動詞・助動詞の連用形，形容詞の語幹・名詞・副詞につく．
①二つの動作が同時に並んで行われることを示す〈……ながら〉
　例）辛うじて待ちつけて，喜びながら加持せさするに，（枕草子　にくきもの）
　　〈やっと待ち迎えて，喜びながら加持をさせるのに〉

②逆接を示す〈……のに，……けれども〉
　例）身はいやしながら，母なむ宮なりける．（伊勢物語　84）
　　〈官職は低いけれど，母は皇室出身であった〉

【補　説】
a 《その状態のままである意を表す用法》名詞・副詞について用いられると，その状態のままである意を表す〈……の　ままで，……の　状態で〉．
　例）旅の御姿ながらわが御家へも寄りたまはずしておはしたり．（竹取物語）〈旅の御服装のままで自分の家にも寄らずにいらっしゃった〉
　例）いと苦しげにたゆげなれば，かくながらともかくもならむを御覧じはてむと思し召すに，（源氏物語　桐壺）〈（桐壺更衣が）ひどく苦しそうで見るからにぐったりしているので，（帝は）いっそこのままで，どうなろうとも成り行きを見届けたいとお思いになるのに〉
b 《「ながら」の語源》格助詞の「の」に名詞「から」（故・柄）が付いた「のから」の転じたもの，もしくは古い助詞「な」に「から」が付いたものと見られる．

練習問題 54

次の下線部の意味は（a）動作の並行，（b）逆接のいずれであるか，記号で答えなさい．
(1) 死にたる鴨の雄鳥は死にながら棹に懸かりてあり．（今昔物語集　19-6）
(2) 北面なにがしは，勅書を持ちながら下馬し侍りし者なり．（徒然草　94）
(3) 夏の夜はまだ宵ながら明けぬるを雲のいづこに月宿るらむ（古今集　166）
(4) その身朝敵となりにし上は，子細に及ばずと言ひながら，恨めしかりしことどもなり．（平家物語　7　忠度の都落ち）
(5) また，推し出して，「あはれ，さるめり」と思ひながら，なほ誤りもこそあれとあやしむ人あり．（徒然草　194）

も　　［接続］活用語の連体形につく．
逆接を示す〈……のに，……けれども〉
　例）心一つにいとど物思はしさ添ひて，「内裏へ参らむ」と思しつるも出で立たれず．（源氏物語　橋姫）〈心の限りにますます，絶えない物思いがつのって，「宮中に参内しよう」とお思いになったけれども，お出かけになれない．〉

【補　説】
a 《「も」の語源》係助詞「も」から転じたものである．

ものの　　［接続］活用語の連体形につく．
逆接を示す〈……のに，……けれども〉
　例）あはれとおぼしぬべき人のけはひなれば，つれもなくねたきものの，忘れがたきに思す．（源氏物語　夕顔）〈気持ちが引かれるとお思いになるに違いない

人ざまなので，（源氏も）つれなく憎い女だと思うけれど，忘れられない人だとお思いになる〉

【補　説】
　a 《「ものの」の語源》形式名詞「もの」に格助詞「の」が付いたものに由来する．

ものを　　［接続］活用語の連体形につく．
　逆接を示す〈……のに，……けれども〉
　　例）心うつくしく，例の人のやうに，恨みのたまはば，我もうらなくうち語りて慰め聞こえてむ**ものを**，思はずにのみ取りないたまふ御心づきなさに，（源氏物語　紅葉賀）〈素直な気持ちで，普通の女のように恨み言をおっしゃるなら，こちらも腹蔵なくうち明けてお慰め申し上げようが，思いもよらないふうにばかり邪推なさる不快さに〉

【補　説】
　a 《「ものを」の語源》形式名詞「もの」に間投助詞「を」が付いたものに由来する．

ものから　　［接続］活用語の連体形につく．
　逆接を示す〈……のに，……けれども〉
　　例）月は有明にて光をさまれる**ものから**，影さやかに見えてなかなかをかしき曙なり．（源氏物語　帚木）〈月は有明で，光が弱くなっているけれども，形ははっきり見えて，かえって風情のある曙である〉

【補　説】
　a 《鎌倉時代以降の用法》原因理由を表す「から」に類推されて，鎌倉時代以降順接の確定条件を表すようになった．
　b 《「ものから」の語源》形式名詞「もの」に格助詞「から」が付いたものに由来する．

ものゆゑ　　［接続］活用語の連体形につく．
　①逆接を示す〈……のに，……けれども〉
　　例）誰が秋にあらぬ**ものゆゑ**女郎花なぞ色に出でてまだき移ろふ（古今集　232）〈誰か一人の上に秋が来たのではなく，誰に飽かれたのでもないのに，女郎花はどうして顔色に出して，まだその時期でもないのに，こんなに早くも色あせてしまうのか〉
　②順接を示す〈……ので，……から〉
　　例）かくつきなきことを仰せたまふことと，事ゆかぬ**ものゆゑ**，大納言をそしりあひたり．（竹取物語）〈こんな無理なことをご命令になることよと，納得がいかないので，大納言を非難しあっていた．〉

【補　説】
　a 《「ものゆゑ」の語源》形式名詞「もの」に名詞「ゆゑ」が付いたものに由来する．

練習問題 55

次の下線部を「ものの」「ものを」「ものから」「ものゆゑ」の用法に注意して口語訳しなさい．
（1）君来むといひし夜ごとに過ぎぬれば<u>頼まぬものの</u>恋ひつつぞふる（伊勢物語 23）
（2）女の目には<u>見ゆるものから</u>，男はあるものかとも思ひたらず．（伊勢物語 19）
（3）思ひわびさても<u>命はあるものを</u>憂きに堪へぬは涙なりけり（千載集 818）
（4）恋すれば我が身は影となりにけり さりとて人に<u>添はぬものゆゑ</u>（古今集 528）

6.4 係助詞（は　も　ぞ　なむ　や　か　こそ）

体言，用言，その他いろいろな語に付いて，それを受ける文節の活用語と呼応することで，文に疑問や強調などの意味を添える助詞をいう．係助詞を用い，特定の活用形で受ける現象を「係り結び」という．その活用形によって分類すると，次のようになる．

　　終止形……は　も
　　連体形……ぞ　なむ　や　か
　　已然形……こそ

【補　説】
a 《「は」と「も」》現代語の「は」「も」は副助詞に分類される．古典語の場合も，特殊な結びの形態をとらないことや従属節の内部にも用いられるといった点で，他の係助詞とは異なっている．
b 《連体形結びの由来》「ぞ・なむ・や・か」が連体形で結ばれるのは倒置法に由来するものである．
　　降りたる［連体形］雪ぞ／か → 雪ぞ／か　降りたる［連体形］
すなわち，「降った雪だ／か」→「雪だ／か，降ったのは」→「雪が降ったのだ／か」というように表現されていったものと考えられる．
c 《已然形結びの由来》「こそ」の語源は指示代名詞の「此」「其」の結合したもので，〈これ，それ〉と強く指示する語である（「ぞ」も「其」に由来する）．動詞の已然形は，奈良時代以前特有の用法として，文を強く言い切るという働きをも有していた．
　　例）入り日さし<u>ぬれ</u>　ますらをと思へる我もしきたへの衣の袖は通りて濡れぬ（万葉集 135）〈夕日が落ちてしまった．益荒男だと思っている私も（しきたへの）衣の袖を涙ですっかり濡らしてしまった．〉
已然形で言い切る用法は「ば」を伴わずに確定条件の意を表す〈夕日が落ちてしまったので〉とする説もある．

練習問題 56

次の文中から係助詞を抜き出し、その結びとなる語と活用形を答えなさい．
(1) 男はこの女をこそ得めと思ふ．（伊勢物語　23）
(2) 名をば，さかきの造となむ言ひける．（竹取物語）
(3) 春霞立つを見捨ててゆく雁は花なき里に住みやならへる（古今集　31）
(4) 末の世にも，見る人はなほあさましきことにぞ申ししかし．（大鏡　道長）
(5) 散ればこそいとど桜はめでたけれうき世になにか久しかるべき（伊勢物語　82）
(6) 笛をいとおもしろく吹きて，声はをかしうてぞ，あはれに歌ひける．（伊勢物語　65）
(7) いとしも覚えぬ人の，押し起こしてせめてもの言ふこそいみじうすさまじけれ．（枕草子　すさまじきもの）

は　［接続］種々の語につく．ただし，③は打消の助動詞「ず」および形容詞型活用の連用形につく．
①主題として提示する〈……は〉
　例）女，答へていはく，「これは蓬萊の山なり」と答ふ．（竹取物語）〈女が答えて言うことには「これは蓬萊の山です」と答える〉
　例）つとめて主殿司の見るに，沓は取りて，奥に投げ入れてのぼりぬ．（伊勢物語　65）〈朝早く主殿司が見ると，（男は）沓は端に置かず，奥の方に押し込んで，殿上にあがったのだった〉
②二つ以上の事物の対比・対照を表す〈……（の方）は〉．
　例）男はこの女をこそ得めと思ふ．女はこの男をと思ひつつ，親のあはすれども聞かでなむありける．（伊勢物語　23）〈男はこの女を妻にしようと思う．女はこの男を夫にと思っていて，親が他の男と結婚させようとしても言うことを聞かないでいた〉
③順接の仮定条件を表す〈……なら，……たら〉
　例）女あるじにかはらけ取らせよ．さらずは飲まじ．（伊勢物語　60）〈当家の主婦に盃を捧げさせよ．そうでないなら，酒は飲むまい〉

【補　説】
　a　《対比・対照の用法》ある一つの表現内容を主題として提示することから，他の事柄と区別して対比的に表したり，また，従属節にあって主節と逆接の関係を結んだりすることが多い．
　　例）心ざしはいたしけれど，さるいやしきわざも習はざりければ，上の衣の肩を張り破りてけり．（伊勢物語　41）〈心は尽くしたけれど，そのような下女のするような仕事も習っていなかったので，袍の肩の所を張り破ってしまった〉

b 《「ては」の形》接続助詞「て」についた「ては」も順接の仮定条件を表すことがある．
例）行きあひて**は**悪しからむ．（蜻蛉日記　下）〈ばったり出くわしては具合が悪いでしょう〉
c 《「をば」の形》格助詞「を」につくときは「ば」となる．
例）ただ月を見てぞ，西東を**ば**知りける．（土佐日記）〈ただ月を見て，西東という方向を知るのだった〉
d **《否定の意を強める用法》** 後ろに打消の助動詞「ず」を伴う場合，否定の意を強める働きをする．
例）むかし，若き男，けしう**は**あらぬ女を思ひけり．（伊勢物語　40）〈昔，若い男が，少し目を惹く女を愛しいと思った〉
e 《「かは」の形》係助詞「か」についた「かは」は反語を表すことが多い（→「か」補説 c）．

練習問題 57

次の下線部の意味を a～c から選び，記号で答えなさい．
　　a. 主題　　b. 対比・対照　　c. 順接仮定条件
(1) 竜の頸の玉取りえず**は**帰り来な．（竹取物語）
(2) 雪の降りたる**は**，いふべきにもあらず．（枕草子　春はあけぼの）
(3) 古京**は**すでに荒れて，新都**は**いまだならず．（方丈記）
(4) いでや，この世に生れて**は**，願はしかるべきことこそ多かめれ．（徒然草　1）

も　［接続］種々の語につく．
①類似のものを取り出して列挙する〈……も〉
例）世界の男の，あてなる**も**，いやしき**も**，いかでこのかぐや姫をえてしがな，見てしがなと音に聞きめでて惑ふ．（竹取物語）〈世界中の男で，高貴なものも下賤なものも，何とかしてこのかぐや姫を得たいものだ，みたいものだと，うわさに聞いてすばらしく思い心が乱れる〉
②類似のものがさらに付け加わる意を表す〈……も，……もまた〉
例）神さへいといみじう鳴り，雨**も**いたう降りければ，（伊勢物語　6）
〈雷さえもいっそう激しく鳴り，雨も激しく降ったので，〉
③類似のものがあることを暗示する〈……も〉
例）心なき身に**も**あはれは知られけり鴫たつ沢の秋の夕暮（山家集　秋　470）
〈物の情緒を感じることのない出家のわが身にも，しみじみとした情趣は自然と感じられることだ．鴫が飛び立つ沢の秋の夕暮よ〉
④感動・強意を表す〈……も〉
例）限りなく遠く**も**来にけるかな．（伊勢物語　9）〈限りもなく遠くへ来たものだなあ〉

【補　説】

a 《「もぞ」「もこそ」の形》「ぞ」「こそ」のついた「もぞ」「もこそ」は悪い事態を予想して，危惧・懸念〈そのようになっては困る〉の意を表す．
　　例）玉の緒よ絶えなば絶えねながらへば忍ぶることの弱り<u>もぞ</u>する（新古今集1034）〈私の命よ，絶えるならいっそ絶えてしまえ．もし，生き長らえたら，心に秘めて堪え忍ぶ力が弱まって，恋が外にあらわれてしまっては困るから〉
　　例）鳥など<u>もこそ</u>見つくれ．（源氏物語　若紫）〈鳥などが見つけては困る〉
b 《文意を強める用法》後ろに打消の助動詞「ず」を伴う場合，文意を強調し余情を表す働きをする．
　　例）冬はつとめて．雪の降りたるは，いふべきに<u>も</u>あらず．（枕草子　春はあけぼの）〈冬は早朝（がいい）．雪が降っているのは，言うまでもない〉

練習問題 58

次の下線部の意味をa～dから選び，記号で答えなさい．
　　a. 列挙　　b. 付加　　c. 暗示　　d. 感動・強意
(1) 我<u>も</u>，一日<u>も</u>見奉らぬは，いと苦しうこそ．（源氏物語　紅葉賀）
(2) ひげ<u>も</u>白く，腰<u>も</u>かがまり，目<u>も</u>ただれにけり．（竹取物語）
(3) すべて，いと<u>も</u>知らぬ道の物語したるかたはらいたく，聞きにくし．（徒然草 57）
(4) 唐土（もろこし）の人はこれをいみじと思へばこそ，記し留めて，世に<u>も</u>伝へけめ，これらの人は語り<u>も</u>伝ふべからず．（徒然草　18）
(5) 武蔵野は今日はな焼きそ若草のつま<u>も</u>こもれり我<u>も</u>こもれり（伊勢物語　12）
(6) 夏は夜．月のころはさらなり．やみ<u>も</u>なほ，蛍の多く飛びちがひたる．（枕草子　春はあけぼの）
(7) 世を捨てたる法師の心地に<u>も</u>いみじう世の憂（うれ）へ忘れ，よはひ延（の）ぶる人の御有様なり．（源氏物語　若紫）

ぞ　　［接続］種々の語につく．
強調を表す（特に現代語訳しなくてもよい）
　　例）今生ひたる<u>ぞ</u>交じれる．（土佐日記）
　　　〈新しく生えた松が交じっている〉

【補　説】

a 《地の文で用いられる「ぞ」》「ぞ」は「なむ」より語勢が強く，地の文や和歌に多く用いられた．会話文での使用は少なく，文章語的な性質を持っていた．
b 《文の終わりに付く「ぞ」》文の終わりに付いて強く言い切る意を表す用法は，終助詞に分類した（→112頁）．
c 《「ぞ」の語源》指示代名詞「そ」から派生したもので，奈良時代までは清音「そ」であった．平安時代以降も「誰そ」「たそがれ」などの表現にその名残が見える．

なむ　［接続］種々の語につく．
強調を表す（特に現代語訳しなくてもよい）
　例）身はいやしながら，母**なむ**宮なりける．（伊勢物語　84）〈官職は低いが，母は皇室出身であった〉

【補　説】
a 《「ぞ」と「なむ」の違い》「ぞ」と同じく文中の一要素への注目を示す強調を担うが，「なむ」はこれに聞き手への強い呼びかけを伴う．
b 《「なむ」の口語性》散文の会話文の中に多く用いられて，和歌にはほとんど使われない．
c 《上代の「なも」》上代には「なも」が用いられ，平安時代に「なむ（なん）」に変化した．

練習問題 59

次の下線部「なむ」について文法的に説明しなさい．
(1) なりは塩尻(しほじり)のやうに**なむ**ありける．（伊勢物語　9）
(2) かばかりになりては，飛び降るとも降り**なむ**．（徒然草　109）
(3) 雲の上も海の底も同じごとくに**なむ**ありける．（土佐日記）
(4) 世の中を憂しと思ひて，出でてい**なむ**と思ひて，（伊勢物語　21）
(5) 小倉山峰のもみぢ葉心あらば今ひとたびのみゆき待た**なむ**（拾遺集　1128）

や　［接続］種々の語につく．
①疑問を表す〈……か〉
　例）死にたまふべきやう**や**あるべき．（竹取物語）〈死になさるわけがあるのですか．〉
②反語を表す〈……か，いや……ない〉
　例）秋の田の穂の上を照らす稲妻のひかりのまにも我**や**忘るる（古今集　548）
　〈秋の田の稲穂を照らす稲妻の光のような一瞬でも，私はあの人のことを忘れるでしょうか〉

【補　説】
a 《叙述全体を疑う「や」》「や」は相手に問いかけて，その叙述全体の真偽を得ようとする意味で用いられる傾向が強い．「か」が「なに」「たれ」などの疑問を表す語とともに用いられるのに対して，「や」にはそのような用法はない．
b 《文末の終止形接続》文末に用いられる場合は，活用語の終止形につく．
　例）名にし負はばいざ事問はむ都鳥我が思ふ人はあり**や**なし**や**と（伊勢物語　9）
　〈都という名前をもっているのならば，さあたずねてみよう，都鳥よ．私の愛する人は無事でいるかどうか〉
c 《「やは」の形》係助詞「は」がついた「やは」は反語を表すことが多い．
　例）女，親なく，頼りなくなるままに，もろともにいふかひなくてあらむ**やは**とて，

河内の国高安の郡に，行き通ふ所いできにけり．(伊勢物語 23)〈女は親が死に，暮らしのよりどころがなくなるにつれて，ともに情けないありさまでいようか，いや，いられないと思って，河内の国高安の郡に，通っていく所ができた．〉
d 《上代の「めや」》上代に見える，推量の助動詞「む」の已然形「め」に係助詞「や」がついた「めや」，それにさらに終助詞「も」がついた「めやも」は，〈……ただろうか，いや……ないだろう〉という反語の意を表した．
例）我が命の全けむ限り忘れめやいや日に異には思ひますとも（万葉集 595）〈私の命が続く限り，どうして忘れるでしょうか，日ごとにさらに思いはまさっても〉

か　［接続］種々の語につく．
①疑問を表す〈……か〉
　例）五月雨の空もとどろにほととぎす何を憂しとか夜ただ鳴くらむ（古今集 160）〈五月雨の夜空を鳴り響かすように，ほととぎすは何が悲しいというので，一晩中鳴いているのだろうか〉
②反語を表す〈……か，いや……ない〉
　例）君ならで誰にか見せむ梅の花色をも香をも知る人ぞ知る（古今集 38）〈あなたでなくて一体誰に見せましょう，この梅の花を．すばらしい色も香りも本当にわかる人だけがわかるのだから〉

【補　説】
a 《疑問詞とともに用いられる「か」》「や」が問いを表すのに対して，「か」は疑いを表すと説かれる．「か」は「なに」「たれ」「いかに」「いづく」などの疑問を表す語とともに用いられることが多く，不定・不明の物事を明らかにしようとする気持ちを表す．
例）世の中は何か常なる飛鳥川きのふの淵ぞ今日は瀬になる（古今集 933）〈この世の中は一体何が変わらないのか．不変のものはない．飛鳥川の流れも昨日淵であった所が，今日はもう浅瀬になっている〉
b 《文末の連体形接続》文末に用いられる場合は，活用語の連体形につく．
例）なほものはかなきを思へば，あるかなきかの心地する，かげろふの日記といふべし（蜻蛉日記　上）〈相変わらずものはかないことを思うと，あるかなきかの思いに沈む，はかない蜻蛉のような日記ということになろう〉
c 《「かは」の形》係助詞「は」がついた「かは」は反語を表すことが多い．
例）「天竺にあるものも持て来ぬものかは」と思ひめぐらして，（竹取物語）〈「天竺にある品物でも持ってこられないことがあろうか」といろいろと考えて〉

練習問題60

次の下線部「や」「か」の意味は（a）疑問，（b）反語のいずれであるか，記号で答えなさい．
（1）影をば踏まで，面をやは踏まぬ．（大鏡　道長）
（2）これや我が求むる山ならむと思ひて，（竹取物語）
（3）近き火などに逃ぐる人は，「しばし」とや言ふ．（徒然草　59）
（4）「この山の名を何とか申す」と問ふ．（竹取物語）

（5）まことに蓬莱の木か<u>と</u>こそ思ひつれ．（竹取物語）
（6）生きとし生けるもの，いづれ<u>か</u>歌をよまざりける．（古今集　仮名序）

こそ　　［接続］種々の語につく．
強調を表す（特に現代語訳しなくてもよい）
　例）まことに蓬莱の木かとこそ思ひつれ．（竹取物語）〈本当に蓬莱の木かと思いました〉

【補　説】
　a 《文中に已然形の結びが現れる用法》「こそ」が已然形で結ばれても文が終止しない時は，逆接〈……けれども〉を示す．
　　例）中垣<u>こそ</u>あれ，一つ家のやうなれば，望みて預かれるなり．（土佐日記）〈隔ての垣はあるけれど，一つ屋敷のようなものなので，先方が望んで預かったのだった〉
　b 《接尾語「こそ」》次の「こそ」は親しい相手への呼びかけを表す接尾語〈～さん〉で，係助詞ではない．
　　例）右近の君<u>こそ</u>，まづ物見たまへ（源氏物語　夕顔）〈右近の君さん，早く車をご覧なさい〉
　c 《「こそ」の語源》指示代名詞「こ」「そ」の連接したものに由来するもので，他のものと比べて強調する働きを担い，「ぞ」より強調の度合いが高いと説かれる．

6.5　副助詞（だに　すら　さへ　し　のみ　ばかり　までなど）

だに　　［接続］体言・活用語の連体形や助詞などにつく．
①最小限の事柄を提示して，それ以上に程度のはなはだしい事柄を類推させる〈……さえ〉
　例）光やあると見るに蛍ばかりの光<u>だに</u>なし．（竹取物語）
　　〈光があるのだろうかと見ると，蛍ほどの光さえもない〉
②最小限の物事・状態を提示して，それが限度であることを表す〈せめて……だけでも〉
　例）家の人どもにものを<u>だに</u>言はむ．（竹取物語）
　　〈せめて家の人たちに挨拶だけでも言おう〉

【補　説】
　a 《呼応する表現》①の用法では，下に命令・希望・意志・仮定・打ち消しなどの表現を伴うことが多い．

すら　　［接続］体言や助詞などにつく．
ある事柄を提示して，他を類推させる〈……でさえ〉

例）言問はぬ木すら妹と兄ありとふをただ独り子にあるが苦しさ（万葉集　１００７）〈言葉を言わない木でさえ雌株と雄株があるというのに，一人の兄も妹もいない一人子であることのつらさよ〉

【補　説】
　a　《「すら」の衰退》平安時代には，漢文訓読や和歌などに用いられたが，仮名文にはあまり使用が見られなくなった．

　さへ　　［接続］体言・活用語の連体形や助詞などにつく．
　同じような事柄がさらに付け加わる意を表す〈その上……までも〉
　　例）ある人の毛の穴さへ見ゆるほどなり．（竹取物語）
　　　〈隣にいる人の毛の穴までも見えるほどである〉

【補　説】
　a　《「さへ」の語源》「添へ」の転じたものと見られる．

練習問題 61

【１】「だに」「すら」「さへ」の意味・用法に注意して，下線部を口語訳しなさい．
　（１）ここにも心あらでかくまかるに，昇らむをだに見送りたまへ．（竹取物語）
　（２）聖などすら，前の世のことを夢に見るは，いとかたかなるを，（更級日記）
　（３）ひとつ子にさへありければ，いとかなしうしたまひけり．（伊勢物語　84）

【２】次の下線部の意味は（a）類推，（b）限度のいずれであるか，記号で答えなさい．
　（１）あたりよりだにな歩きそ．（竹取物語）
　（２）今宵だに人しづめていととく逢はむ．（伊勢物語　69）
　（３）わが子どもの，影だに踏むべくあらぬこそ，くちをしけれ．（大鏡　道長）
　（４）散りぬとも香をだに残せ梅の花恋しきときの思ひ出にせむ（古今集　48）

　し　　［接続］種々の語につく．
　強調を示す（特に現代語訳しなくてもよい）
　　例）ほのぼのと明石の浦の朝霧に島がくれゆく舟をしぞ思ふ（古今集　409）
　　　〈ほんのりと明るくなる明石の浦の朝霧の中に，島影に隠れて見えなくなってゆく舟のことをしみじみ思いやることよ〉

【補　説】
　a　《「しぞ」などの形》係助詞「ぞ」「も」「か」「こそ」とともに用いられることが多い．
　　例）春の海に秋の木の葉しも散れるやうにぞありける．（土佐日記）
　　　〈春の海に秋の木の葉も散っているようであった〉
　b　《「…し…ば」の形》平安時代以降は「し」が単独で用いられる場合，「…し…ば」という条件を表す場合に限られるようになる．

例）唐衣着つつなれにしつま<u>し</u>あればはるばる来ぬる旅をしぞ思ふ（伊勢物語 9）〈唐衣を着慣れた妻を京に残してきたので，はるばる来た旅路が思われるよ．〉
　c 《「し」の分類》「し」は副助詞に分類されることが多いが，間投助詞や係助詞とする説もある．

練習問題 62

次の下線部「し」について文法的に説明しなさい．
（1）夜ひと夜酒飲み<u>し</u>ければ，（伊勢物語 69）
（2）これを見れば，春の海に秋の木の葉<u>し</u>も散れるやうにぞありける．（土佐日記）
（3）忘らるる身をば思はず誓ひて<u>し</u>人の命の惜しくもあるかな（拾遺集 870）
（4）男は女<u>し</u>逢はねば，かく<u>し</u>ありきつつ，人の国にありきてかく歌ふ．（伊勢物語 65）

のみ　［接続］体言，活用語の連用形・連体形，副詞，助詞などにつく．
①それだけだと限定する意を表す〈……だけ，……ばかり〉
　例）ただ波の白き**のみ**ぞ見ゆる．（土佐日記）〈ただ波の白いのだけが見える〉
②特に取り立てて強調する意を表す〈(特に……，ほんとうに……)〉
　例）御胸**のみ**，つとふたがりて，つゆまどろまれず，明かしかねさせたまふ．（源氏物語　桐壺）〈御胸が本当にぐっと詰まって，全く眠られず，夜を明かすことが難しくていらっしゃる〉

【補　説】
　a 《「のみ」の語源》格助詞「の」に名詞「身」が付いたものに由来する．

練習問題 63

次の下線部の意味は（a）限定，（b）強調のいずれであるか，記号で答えなさい．
（1）何事も古き世<u>のみ</u>ぞしたはしき．（徒然草 22）
（2）都の人は言受けのみよくて，まことなし．（徒然草 141）
（3）いみじからむ心地もせず．悲しく<u>のみ</u>ある．（竹取物語）
（4）狩はねむごろにもせで，酒を<u>のみ</u>飲みつつ，（伊勢物語 82）

ばかり　［接続］体言，活用語の終止形・連体形，副詞，助詞などにつく．
①だいたいの程度や範囲を示す〈……ぐらい，……ほど〉
　例）三寸**ばかり**なる人，いとうつくしうてゐたり．（竹取物語）
　　〈三寸ぐらいの人が非常にかわいい様子でいた〉
②それだけだと限定する意を表す〈……だけ〉
　例）人目の飾り**ばかり**は，いとよくもてなし聞こえたまふ．（源氏物語　初音）
　　〈人目によくするだけのことは，たいそうよく配慮して差し上げなさる〉

【補　説】
　a 《接続と意味との関係》活用語につく場合，①の程度・範囲の意では終止形に，②の限定の意では連体形に接続することが多い．
　　例）死ぬ**ばかり**いとほし．（蜻蛉日記）〈死ぬほどにいとおしい〉
　　　　ただ我が身ひとつにとりて，昔今とをなぞらふる**ばかり**なり．（方丈記）〈ただ，私個人にといえば，昔と今とを比べているだけである〉
　b 《「ばかり」の語源》動詞「はかる」の連用形（名詞形）に由来する．

練習問題64

次の下線部の意味は，(a) 程度，(b) 限定のいずれであるか，記号で答えなさい．
(1) 和泉の国へ二月（きさらぎ）**ばかり**に行きけり．（伊勢物語　67）
(2) されど，なほ夕顔といふ名**ばかり**はをかし．（枕草子　草の花は）
(3) 涙落つともおぼえぬに，枕浮く**ばかり**になりにけり．（源氏物語　須磨）

まで　　[接続] 体言，活用語の連体形，副詞などにつく．
①動作・作用の及ぶ範囲・限度を表す〈……まで〉
　例）夜ふくる**まで**酒飲み，（伊勢物語　82）〈夜が更けるまで酒を飲み〉
②程度の極端なものとして示す〈……ほど，……ぐらい〉
　例）秋や来る露やまがふと思ふ**まで**あるは涙の降るにぞありける（伊勢物語　16）〈秋が来て本当に露を結んだのか，それとも露が間違えて季節外れに結んだのか，と見まちがえるほど，あるのは私の喜びの涙が降るのであった〉

【補　説】
　a 《「まで」の語源》「ま」（目）に「て」（「土手」「井手」などに見える〈所〉の意）が付いた「まて」が転じたものと考えられる．「真手」（両手の意）からとする説もある．

など　　[接続] 体言，活用語の連用形・連体形などにつく．
①同類の事柄から主なものとして例示する意を表す〈……など〉
　例）日入り果てて風の音，虫の音**など**はた言ふべきにあらず．（枕草子　春はあけぼの）〈日がすっかり暮れて，風の音，虫の音などは，また言うまでもない〉
②はっきり示さず，婉曲に叙述する意を表す〈……など〉
　例）雨**など**降るもをかし．（枕草子　春はあけぼの）〈雨などが降るのも趣がある〉
③だいたいのこととして引用する意を表す〈……などと〉
　例）「あやしきまで，この世の事にはおぼえはべらぬ」**など**のたまひて，（源氏物語　若紫）〈「不思議なほどに，この世だけのご縁とは思われません」などとおっしゃるので〉

【補　説】
a 《「など」の語源》代名詞「何(なに)」に格助詞「と」の付いた「なにと」が転じたものである．

6.6 終助詞（ばや　なむ　てしが　にしが　もがな　そ　な　ぞ　かな　か　は　も　かし）

終助詞は活用語についたり体言についたりするが，その接続のしかたで分類すると次のようになる．（下線を引いた語は体言にもつく）

		（意味）
未然形	ばや　なむ	希望・願望
連用形	てしが　にしが　<u>もがな</u>	希望・願望
	そ（カ変・サ変には未然形）	禁止
終止形	な（ラ変には連体形）	禁止
連体形	<u>ぞ</u>	断定
	<u>かな</u>　<u>か</u>　<u>は</u>　<u>も</u>	感動・詠嘆
文の終り	かし　な	強意・詠嘆

ばや　［接続］動詞・助動詞の未然形につく．
話し手の希望を表す〈……たいものだ〉
　例）世の中に物語といふ物のあんなるを，いかで見**ばや**と思ひつつ．（更級日記）
　　　〈世の中に物語というものがあるそうだが，何とかしてみたいと思いながら〉

【補　説】
a 《「ばや」の語源》接続助詞「ば」に係助詞「や」が付いたものに由来する．

なむ　［接続］動詞・助動詞の未然形につく．
相手に対する願望を表す〈……てほしい，……でもらいたい〉
　例）飛ぶ鳥の声も聞こえぬ奥山の深き心を人は知ら**なむ**（古今集　535）〈飛ぶ鳥の声も聞こえない奥山のような，深い心をあなたは知ってほしい〉

【補　説】
a 《上代の「なも」》上代には「なも」も用いられた．
　例）三輪山をしかも隠すか雲だにも心あら**なも**隠さふべしや（万葉集　18）〈三輪山をそんなにも隠すのか，せめて雲だけでも思いやりがあってほしい，隠してよいものか〉

練習問題 65

次の下線部の「ばや」「なむ」について文法的に説明しなさい．
(1) かかる所に思ふやうならむ人をすゑて住ま<u>ばや</u>．（源氏物語　桐壺）
(2) 心あてに折ら<u>ばや</u>折ら<u>む</u>初霜の置きまどはせる白菊の花（古今集　277）

(3) 五月来ば鳴きもふりなむほととぎすまだしきほどの声を聞かばや（古今集　138）
(4) いづくなりとも，まかり**なむ**．（大鏡　道長）
(5) 入らせたまはぬさきに，雪降ら**なむ**．（紫式部日記）
(6) はや夜も明けなむと思ひつつゐたりけるに，（伊勢物語　6）
(7) あへて凶事なかりけると**なむ**．（徒然草　206）

てしが　　　［接続］動詞の連用形につく．
話し手の願望を表す〈……<u>たいものだ</u>〉
　例）あな恋し今も見**てしが**山がつのかきほに咲けるやまとなでしこ（古今集　695）〈ああ恋しい．今すぐにも逢いたい．山に住む人の垣根に咲く大和撫子のようなあの人よ．〉

【補　説】
　a　《「てしがな」などの形》下に終助詞「な」「も」がついた「てしがな」「てしがも」の形でも用いられる．
　　例）いかでこのかぐや姫を得**てしがな**，見**てしがな**（竹取物語）
　　　〈何とかしてこのかぐや姫を得たいものだ，見たいものだ〉
　b　《「てしが」の語源》完了の助動詞「つ」の連用形に願望の終助詞「しか」が付いたものに由来する．平安時代に「てしが」であったか，清音の「てしか」であったかははっきりしない．

にしが　　　［接続］動詞の連用形につく．
話し手の願望を表す〈……<u>たいものだ</u>〉
　例）伊勢の海に遊ぶ海人ともなり**にしが**波かき分けてみるめかづかむ（後撰集　891）〈伊勢の海に遊ぶ尼にでもなりたいものだ，波をかき分けて海松布(みるめ)を取りに潜れましょうから，見る目，すなわちあなたに逢うことができましょうから〉

【補　説】
　a　《「にしがな」などの形》下に終助詞「な」「も」がついた「にしがな」「にしがも」の形でも用いられる．
　　例）いかで鳥の声も聞こえざらむ山にこもり**にしがな**（宇津保物語　俊蔭）
　　　〈何とかして鳥の声も聞こえないような山に籠もりたいものだ〉
　b　《「にしが」の語源》完了の助動詞「ぬ」の連用形に願望の終助詞「しか」が付いたものに由来する．平安時代に「にしが」であったか，清音の「にしか」であったかははっきりしない．

もがな　　　［接続］体言，形容詞・形容動詞型活用の語の連用形，助詞につく．
願望を表す〈……<u>ほしい</u>，……<u>たらよいのになあ</u>〉
　例）世の中にさらぬ別れのなく**もがな**千代もと祈る人の子のため（伊勢物語　84）

〈世の中に死という避けられない別れがなければよいのになあ．親が千年も長生きするようにと祈っている子どものために〉

【補　説】

a 《上代の「もが」》上代には，下に終助詞「な」のつかない「もが」が用いられていた．また，それに終助詞「も」のついた「もがも」という形でも用いられた．
　例）都辺に行かむ船**もが**刈り薦の乱れて思ふこと告げ遣らむ（万葉集　3640）〈都の方へ行くような船がほしい．（刈り薦の）乱れて思うことを告げ知らせよう〉
　例）我がやどに盛りに咲ける梅の花散るべくなりぬ見む人**もがも**（万葉集　851）〈我が家に今満開の梅の花が散りそうになっている．見る人がいればよいのになあ〉

b 《平安時代の「がな」》平安時代に入ると，次第に，「も」に「がな」が付いたものと意識されるようになって，「がな」だけでも願望の意を表すようになった．
　例）さらむ者**がな**．使はむとこそおぼゆれ．（枕草子　281　陰陽師のもとなる童べこそ）〈そのような（気がきく）者がいればなあ．何とか使いたいと思われるよ〉

c 《「もがな」の語源》終助詞「もが」に終助詞「な」が付いたものに由来する．

d 《上代の「な」「に」「ね」「こそ」》上代には「もが」のほか，希望・願望の意を表す未然形接続の終助詞に「な」「に」「ね」「こそ」があった．ただし「こそ」は助動詞「こす」の命令形とする説もある．

　I　**な**　［意味］話し手の願望を表す〈……よう，……たい〉
　　例）熟田津に船乗りせむと月待てば潮もかなひぬ今は漕ぎ出で**な**（万葉集　8）〈熟田津に船出をしようと月を待っていると，ちょうど潮も満ちた．さあ漕ぎ出そう〉

　II　**に　ね　こそ**　［意味］希望を表す〈……てほしい〉
　　例）ひさかたの天路は遠しなほなほに家に帰りて業をしまさ**に**（万葉集　801）〈（ひさかたの）天路は遠い．おとなしく家に帰って家業をなさってほしい〉
　　例）ありねよし対馬の渡り海中に幣取り向けてはや帰り来**ね**（万葉集　62）〈（ありねよし）対馬海峡の海のまっただ中に幣を捧げて（神に祈願して）早く帰国してほしい〉
　　例）うぐひすの待ちかてにせし梅の花散らずあり**こそ**思ふ子がため（万葉集　845）〈うぐいすが待ちかねていた梅の花よ．散らないでほしい．愛するあの娘のために〉

練習問題66

「てしが」「にしが」「もがな」の意味・用法に注意して下線部を口語訳しなさい．

(1) いかで心なさけあらむ男に<u>逢ひえてしがな</u>．（伊勢物語　63）
(2) いかで鳥の声もせざらむ山に<u>籠りにしがな</u>．（宇津保物語　俊蔭）
(3) <u>心あらん友もがな</u>と，都恋しうおぼゆれ．（徒然草　137）
(4) あらざらむこの世のほかの思ひ出でに<u>今ひとたびの逢ふこともがな</u>（後拾遺集　763）

　そ　［接続］動詞の連用形につく．ただし，カ変・サ変には未然形につく．
　　（上に副詞「な」を伴って）禁止の意を表す〈……<u>な</u>〉
　　例）物知らぬことなのたまひ**そ**．（竹取物語）
　　　　〈物の道理もわからないことをおっしゃるな〉

【補　説】
a 《単独で禁止の意を表す用法》平安時代末期以降は，上に副詞「な」を伴わなくても禁止の意を表した．
例）今はかく馴れぬれば，何事なりとも隠しそ．（今昔物語集　29-28）
〈今はこのように馴れてしまったのだから，なにごとであっても隠すな〉

な
① ［接続］動詞の終止形につく．ただし，ラ変には連体形につく．
禁止の意を表す〈……な〉
例）竜の頸の玉取りえずは帰り来な．（竹取物語）
〈竜の首の玉を取ることができなければ，帰ってくるな〉
② ［接続］体言や文の終止部（＝活用語の終止形や命令形，係助詞を受けた連体形や已然形，終助詞で終止した形）につく．
詠嘆の気持ちを表す〈……なあ，……ねえ〉
例）花の色は移りにけりないたづらに我が身世にふるながめせしまに（古今集
113)〈桜の花の美しさは賞美されることもなく，むなしくあせてしまったことだなあ，長雨の降り続いている間に．そして，私自身もまた，あれこれと物思いにふけりながらぼんやりと思い暮らしている間に，むなしく女の盛りが過ぎてしまったことだ．〉

【補　説】
a 《念押しの用法》念を押したり確かめたりする場合にも用いられる．
例）かぐや姫に住みたまふとな．（竹取物語）〈かぐや姫と結婚なさるということだね〉

練習問題67

次の下線部「な」の意味は（a）禁止，（b）詠嘆のいずれであるか，記号で答えなさい．
(1) いかでとく京へもがな．（土佐日記）
(2) 橋を引いたぞ，あやまちすな．（平家物語　4　橋合戦）
(3) 侍従大納言の姫君のおはするな．（更級日記）
(4) ここはけしきある所なめり．ゆめ寝ぬな．（更級日記）
(5) 今宵ばかりはことわりと許したまひてむな．（源氏物語　若菜上）
(6) 契りきなかたみに袖をしぼりつつ末の松山波越さじとは（後拾遺集　770）

ぞ　［接続］動詞の連体形，体言，助詞につく．
強く言い切る気持ちを表す〈……だ（よ），……である（ぞ）〉
例）さのみやはとて，うち出ではべりぬるぞ．（竹取物語）〈そればかりではいけないと言い出すのですよ〉

6.6 終助詞

【補　説】
a 《疑問詞とともに用いられる用法》疑問の語とともに用いられた場合，疑問の意を強める働きをする．
例）思すらむこと何事ぞ．（竹取物語）〈思っていらっしゃることは何事ですか〉
b 《係助詞「ぞ」の文末用法》係助詞「ぞ」が文末に用いられた場合を，ここでは終助詞に分類した．

かな　［接続］体言や活用語の連体形につく．
詠嘆・感動の気持ちを表す〈……なあ，……ことだなあ〉
例）限りなく遠くも来にける**かな**．（伊勢物語　9）
〈限りもなく遠くへきたことだなあ〉

【補　説】
a 《上代の「かも」》上代には「かも」が用いられた．
例）人ごとに折りかざしつつ遊べどもいやめづらしき梅の花**かも**（万葉集　828）〈おのおの折って髪に挿しながら遊ぶけれど，ますます心引かれる梅の花だなあ〉
b 《「かな」の語源》終助詞「か」「な」が連接したものに由来する．

か　［接続］体言や文の終止部につく．
詠嘆の気持ちを表す〈……なあ，……ことだなあ〉
例）浅緑色よりかけて白露を珠にもぬける春の柳**か**（古今集　27）〈薄緑色の糸を縒（よ）り合わせ，白露を玉のように貫きとめている春の柳であることだなあ〉

【補　説】
a 《「ぬか」の形》上代では，打消の助動詞「ず」の連体形「ぬ」に付いて「ぬか」の形で，願望の意を表した．〈……ないかなあ〉
例）ひさかたの雨も降ら**ぬか**雨つつみ君に副（たぐ）ひてこの日暮らさむ（万葉集　520）〈（ひさかたの）雨が降らないかなあ，雨を避けてあなたとともにこの一日を過ごしたい〉
b 《「か」の由来》係助詞「か」の〈どうして……なのか〉という疑問を表す用法から〈（やはり）……なのだなあ〉という詠嘆の意味に転じたものと考えられる．

練習問題 68

次の下線部「か」について文法的に説明しなさい．
(1) いかに思ひて<u>か</u>，汝ら難きものと申すべき．（竹取物語）
(2) 静けくも岸には波は寄せける<u>か</u>この家通し聞きつつ居（い）れば（万葉集　1237）
(3) この住吉の明神は例の神ぞかし．欲しき物ぞおはすらむとは今めくもの<u>か</u>．（土佐日記）

は　［接続］体言や文の終止部につく．
感動・強意を表す〈……よ〉
例）何につけてか，世に経（ふ）るはえばえしさも，常なき世のつれづれをも慰むべき

ぞは．（源氏物語　夕霧）〈何によってこの世に生きてゆく晴れがましさを味わったり，無常の世の所在なさを慰められたりすることができるというのか〉

【補　説】
a 《「はも」などの形》終助詞「も」や間投助詞「や」がついた「はも」「はや」の形で，強い詠嘆の意を表すことが多い．
　例）いみじく，我が身さへ限りとおぼゆる折々のありし<u>はや</u>．（源氏物語　若菜下）〈（あなたが）ひどく具合が悪くて，私自身までもこれで終わりかと思われる時もあったよなあ〉
b 《「は」の由来》係助詞「は」が文末に用いられた用法と言われる．

練習問題 69

次の下線部「は」について文法的に説明しなさい．
(1) さるさがなき夷心（えびすごころ）を見て<u>は</u>いかが<u>は</u>せむ<u>は</u>．（伊勢物語　15）
(2) ちはやぶる神代も聞かず竜田川からくれなゐに水くくると<u>は</u>（古今集　294）
(3) 年立ち返るなどをかしきことに，歌にも文にも作るなる<u>は</u>．（枕草子　鳥は）

も　　［接続］体言や文の終止部につく．

感動・詠嘆の気持ちを表す〈……なあ，……ねえ〉
　例）恋せじと御手洗川（みたらしがは）にせし禊（みそぎ）神は受けずぞなりにけらし<u>も</u>（古今集　501）
　　〈決して恋はすまいと思って，御手洗川でしたみそぎであったが，その願いを神は受けて下さらなかったようであるなあ〉

【補　説】
a 《使用の時代・範囲》主として上代で用いられ，平安時代では和歌に用いられた．
b 《「も」の由来》係助詞「も」が文末に用いられた用法と言われる．

かし　［接続］文の終止部（＝活用語の終止形や命令形，係助詞を受けた連体形や已然形，終助詞で終止した形）につく．

強く念を押す意を表す〈……よ，……ね〉
　例）詠みつべくは，はや言へ<u>かし</u>．（土佐日記）〈ほんとうに詠めるのなら，早く言ってご覧んよ〉

【補　説】
a 《「かし」の口語性》平安時代では会話文に多用されており，和歌にはあまり用いられない．
b 《「ぞかし」の形》文末に用いられた係助詞「ぞ」がついた「ぞかし」は，多く自分の判断に念を押すのに用いる．
　例）我はこのごろわろき<u>ぞかし</u>．（更級日記）〈私（の容貌）はこのごろよくないわね〉
c 《「かし」の語源》終助詞「か」に副助詞「し」が連接したものに由来する．

6.7　間投助詞（や　よ　を）

や　　［接続］種々の語につく．
①感動・詠嘆の意を表す〈……よ，……ね〉
　　例）すべて神の社こそ，捨てがたく，なまめかしきものなれや．（徒然草　24）〈すべて神社というものは，何とも心引かれるもので，優雅なものであることよ〉
②（文中に用いて）ことばの調子を整える〈……よ〉
　　例）ほととぎす鳴くや五月のあやめぐさあやめも知らぬ恋もするかな（古今集　469）〈ほととぎすが鳴く五月に咲くあやめ草，そのあやめ草ではないが，ものの道理もわからなくなるような恋をすることだよ〉

【補　説】
　a　《用法の広がり》呼びかけに用いたり，事物を列挙したりする場合にも用いられる．
　　例）あが君や，いづかたにかおはしましぬる．（源氏物語　蜻蛉）〈わが君よ，どちらにいらっしゃったのですか〉
　　例）くだものやなにやと，いと多く取らせたれば，（枕草子　職の御曹司におはします頃）〈果物やら何やらと，とても多く取らせたので〉
　b　《「や」の語源》感動詞「や」に由来する．

練習問題 70

次の下線部「や」について文法的に説明しなさい．
(1) あやし．ひが耳にや．（源氏物語　若紫）
(2) あれ，射とれや，者ども．（平家物語　4　橋合戦）
(3) さあらむ所に，ひとり往なむや．（大鏡　道長）
(4) 翁の申さむことは，聞きたまひてむや．（竹取物語）
(5) 国のうちに，年老いたる翁・媼やある．（大鏡　序）

よ　　［接続］体言や文の終止部につく．
①感動を込めて，相手に知らせたり念を押したりする〈……ね，……なあ〉
　　例）いで，あな悲し．かく，はたおぼしなりにけるよ．（源氏物語　帚木）〈まあ，ほんとうに悲しいこと．こんなにまでご決心なさったのですね〉
②呼びかけの意を表す〈……よ〉
　　例）少納言よ，香炉峰の雪いかならむ．（枕草子　雪のいと高う降りたるを）〈少納言よ，香爐峰の雪はどのようだろうか〉

を　　［接続］種々の語につく．
①詠嘆の意を表したり，語調を整えたりする〈……よ，……ね〉

例）恋しくは下に<u>を</u>思へ紫のねずりの衣色にいづなゆめ（古今集 652）〈私を恋しいなら，胸の中でね思っていよ．（紫の根で擦り染めにした着物のような色）顔色やそぶりに出すな，決して〉
② （「……を……み」の形で）原因・理由を表す句をつくる〈……が……なので〉
例）瀬<u>を</u>はやみ岩にせかるる滝川のわれても末に逢はむとぞ思ふ（詞花集 229）〈瀬の流れが急なので，岩にせき止められると，急流が二つに分かれるが，やがてまた一つに合流するように，今はあなたと別れても末にはきっと会おうと思うよ〉

【補　説】
　a　《使用の傾向》文中で用いられる場合は意志・命令・願望の表現を伴うことが多い．
　　例）御簾の前にて人に<u>を</u>語り侍らむ．（枕草子　職の御曹司におはします頃）
　　　　〈御簾の前で人にね，語りましょう〉
　b　《「を」の語源》感動詞「を」に由来する．

練習問題 71

次の下線部「を」について文法的に説明しなさい．
（1）かきつめて見るもかひなし藻塩草（もしほぐさ）同じ雲居（くもゐ）の煙と<u>を</u>なれ（源氏物語　幻）
（2）思ひつつ寝（ぬ）ればや人の見えつらむ夢と知りせば覚めざらまし<u>を</u>（古今集 552）
（3）秋の田のかりほの庵の苫<u>を</u>荒み我が衣手は露にぬれつつ（後撰集　302）
（4）忍ぶれど色に出でにけり我が恋は物や思ふと人の問ふまで（拾遺集622）

練習問題 72

【1】次の下線部「し」について文法的に説明しなさい．
（1）いかで心なさけあらむ男に逢ひえて<u>し</u>がなと思へど，（伊勢物語　63）
（2）道心あらば住む所に<u>し</u>もよらじ．（徒然草　58）
（3）行く川の流れは絶えず<u>して</u>，しかももとの水にあらず．（方丈記）
（4）あやまちすな．心<u>し</u>て降りよ．（徒然草　109）
（5）御前の火炉（くわろ）に火をおく時は，火ばし<u>し</u>てはさむことなし．（徒然草　213）
【2】次の下線部「て」について文法的に説明しなさい．
（1）深き河を舟に<u>て</u>渡る．（更級日記）
（2）汝やんごとなき高相の夢見<u>て</u>けり．（宇治拾遺物語　1・4）
（3）この酒を飲み<u>て</u>むと<u>て</u>，よき所を求め行くに，（伊勢物語　82）
（4）このたび生き<u>て</u>は，または来じと思へるけしきなれば，（伊勢物語　33）
（5）髪は，扇を広げたるやうに，ゆらゆらと<u>して</u>，顔は赤くすりな<u>して</u>立てり．（源氏物語　若紫）
【3】次の下線部「な」「に」について文法的に説明しなさい．

(1) 惟光とく参らなむ．（源氏物語　夕顔）
(2) 夜やうやう明けなむとするほどに，（伊勢物語　69）
(3) さらに潮に濡れたる衣だに脱ぎかへなでなむ，こちまうで来つる．（竹取物語）
(4) 桜の盛りに見にきたりければ，（伊勢物語　17）
(5) 日暮れにたる山中に，あやしきぞ．とまり候へ．（徒然草　87）
(6) 年久しくありて，なほわづらはしくなりて死ににけり．（徒然草　42）

【4】次の下線部「む」について文法的に説明しなさい．
(1) 欲しき物ぞおはすらむ．（土佐日記）
(1) その人のもとへ去なむずなり．（伊勢物語 96）
(2) なにしに悲しきに見送りたてまつらむ．（竹取物語）
(3) 隔てたまふ御心の深きなむ，いと心憂き．（源氏物語　浮舟）
(4) 飽かなくにまだきも月の隠るるか山の端逃げて入れずもあらなむ（伊勢物語 82）
(5) 桜腰に差しなどして歩かせたまひしをり，かかる目見むとは思はざりけむ．（枕草子　うへにさぶらふ御猫は）

■コラム　　上代語の助詞［追補］

上代にしか用いられない助詞については関連語として「補説」に記した場合もあるが，そこに挙げなかった主なものを次に追補しておく．

● 接続助詞「**がに**」終止形につく．〈……するほどに，……しそうに〉
ある物事が今にも実現しそうなようすであることを表す．
例）道に逢ひて笑ましししからに降る雪の消なば消ぬ**がに**恋ふといふ我妹（万葉集　624）〈道で出会って微笑んだだけで，降る雪のように今にも消え入らんばかりに，私に恋をするという，あなたよ〉

● 接続助詞「**がね**」連体形につく．〈……だろうから，……ように〉
未成立の事態について，そうなってほしいと望みながら，その目的や理由を表す．
例）朝露に匂ひそめたる秋山に時雨な降りそあり渡る**がね**（万葉集　2179）〈朝露に色づきはじめた秋山に時雨よ降るな．紅葉がずっとあるように〉

● 副助詞・間投助詞「**い**」体言，連体形につく．
強調を表す．
例）我が背子が跡踏み求め追ひ行かば紀伊の関守**い**留めてむかも（万葉集　545）〈私の夫の通った跡を探し求めて追っていったら，紀伊の関守が引き留めてしまうだろうか〉

このほか，間投助詞に詠嘆・感動の意を表す「**ろ**」「**わ**」「**ゑ**」などがあった．このうち，「ろ」は命令形に付いて命令の意を強める用法が東歌・防人歌に見え，この「付けろ」というような言い方が現代共通語（東京方言）に受け継がれる．

第7章
敬　語

7.1　敬　　語

　話し手が話題のなかの人物や聞き手に対して敬意を表す特別の言い方を敬語という．文章のうち，会話や歌のない部分を地の文というが，そこでの話し手は文章の書き手（作者）であり，聞き手は文章の読み手（読者）である．また，文章のうち，手紙や心のなかで思っていることを含め，話題のなかの人物が話したり思ったりしている部分での話し手，聞き手は文章に登場する人物である．

　敬語は，普通とは違った言い方をすることによって表現される．たとえば，次は『枕草子』の一節で，中宮定子が清少納言に話しかける場面である．

　　例）「少納言よ，香炉峰の雪いかならむ」と仰せらるれば，（枕草子　雪のいと高う
　　　　降りたるを）〈「少納言よ，香炉峰の雪はどのようであろうか」とおたずねあそ
　　　　ばされるので〉

　ここでは，作者（清少納言）が，定子の言うという動作に対して「いふ」という普通の言い方（これを普通語と呼ぶ）を用いないで，「仰せらる」という特別の表現を用いて，定子に敬意を表している．これは身分の違いや相手への配慮などに基づく言語行動であって，平安時代には敬語は非常に発達していた．

【補　説】
a 《会話文中における敬意を表す主体》古文の会話文中においては，誰が敬意を表現する主体かという場合，その主体はそこでの文章に登場する人物ではなく，やはり文章の書き手自身であると考える説もある．それは，話したり思ったりした内容が，明確に地の文と区別されない場合が少なからずあるからである．ただ，本書では，一般的な理解を踏まえて，話したり思ったりした内容を記した文での話し手は文章の登場人物としておく．（→ 7.3（3））
b 《待遇表現》敬語は，話し手が聞き手あるいは話題のなかの人物に対して敬意を表す場合の表現である．ただ，さまざまな人間関係を背景として，親愛や軽蔑の気持ちを表したり，特別の気持ちを含まない場合の表現もあったりする．このような，人間相互の社会的心理的な関係や場面によって表現を使い分けることを「待遇表現」という．軽蔑の気持ちを表す語を軽卑語，敬語でも軽卑語でもない，普通の言い方を普通語と呼ぶ．

7.2 敬語の種類

　敬語は，話し手が話題のなかの人物に対して敬意を表すものと，話し手が聞き手に対して敬意を表す丁寧語（聞き手尊敬）に大きく分けられる．さらに，前者は，話題にのぼっている人物のうち，動作主体（為手）に対して敬意を表す尊敬語（為手尊敬）と，動作の及ぶもの（受け手）に対する敬意を表す謙譲語（受け手尊敬）に分けられる．

(1) 尊敬語（為手尊敬）

　話し手が，話題にのぼっている人物のなかで，ある動作を行ったり，ある状態であったりする主体（為手）に対して敬意を表す言い方を尊敬語という．これは為手に対して表された敬意であることから為手尊敬ともいう．

　　例）世になく清らなる男御子(をのこみこ)さへ生まれたまひぬ．（源氏物語　桐壷）
　　　〈この世にはまれな美しい男の御子までがお生まれになった〉

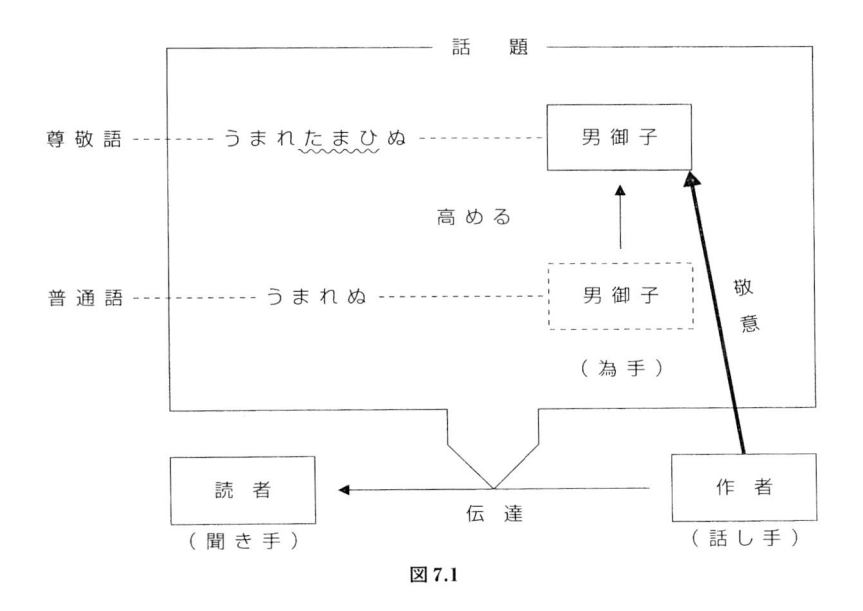

図 7.1

　この地の文では，話し手は作者，聞き手は読者であり，話題のなかの人物は男御子（すなわち光源氏）である．その男御子が生まれるという状態に対して「うまれたまひぬ」という尊敬語を用いることで，状態の主体（為手）である男御子に敬意を表している．

例）翁，「うれしくも，のたまふものかな」と言ふ．（竹取物語）
〈翁は「うれしくも，おっしゃるものだなあ」と（かぐや姫に）言う．〉

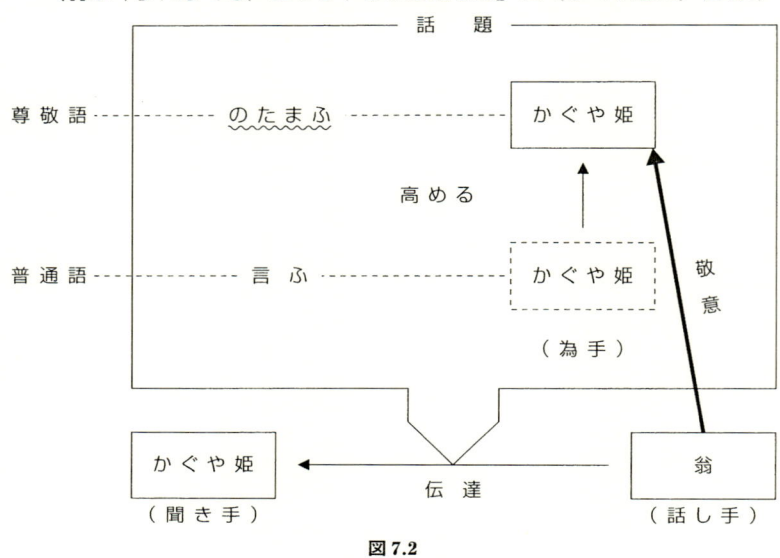

図7.2

　この会話文では，話し手は竹取の翁で，聞き手はかぐや姫であり，会話文の話題のなかの人物もかぐや姫である．そのかぐや姫が言うという動作に対して「のたまふ」という尊敬語を用いることで，動作の為手であるかぐや姫に敬意を表している．

(2) 謙譲語（受け手尊敬）

　話し手が，話題にのぼっている人物のなかで，ある動作が及んだり，ある気持ちが向けられたりする対象（受け手）に対して敬意を表す言い方を謙譲語という．これは受け手に対して表された敬意であることから，受け手尊敬ともいう．

　　例）御子をばとどめたてまつりて，忍びてぞ出でたまふ．（源氏物語　桐壺）
　　　〈（桐壺更衣は）御子を後に残して，ひっそりと出ていかれる〉

　この地の文では，話し手は作者，聞き手は読者であり，話題のなかの人物のうち「とどむ」という動作の主体（為手）は桐壺更衣，その動作の対象（受け手）は御子（すなわち光源氏）である．その御子をとどめるという動作に対して「とどめたてまつりて」という謙譲語を用いることで，動作の対象（受け手）である御子に敬意を表している．

7.2 敬語の種類

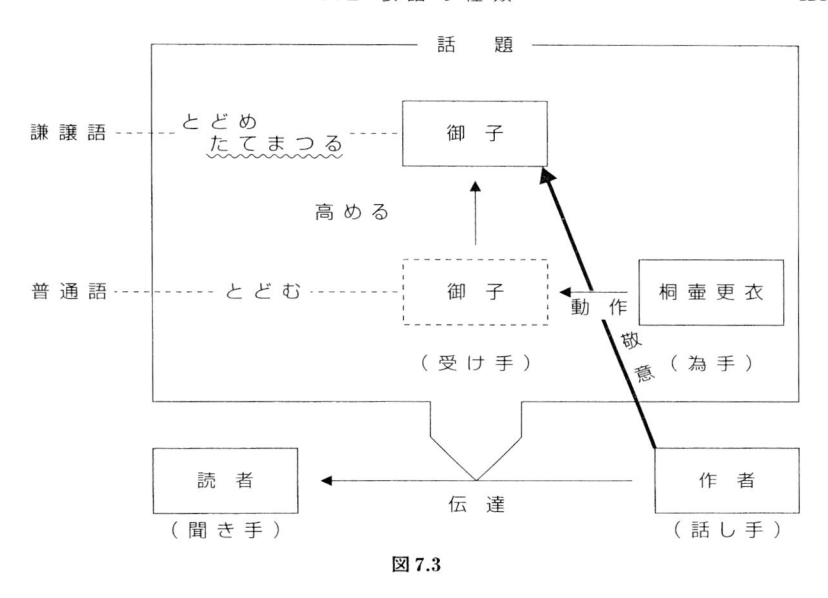

図 7.3

- 謙譲語: とどめ / たてまつる — 御子（高める）
- 普通語: とどむ — 御子（受け手） ← 動作 — 桐壺更衣（為手）
- 敬意
- 話題
- 読者（聞き手） ← 伝達 — 作者（話し手）

例）「かかる御文見るべき人もなしと聞こえよ」とのたまへば（源氏物語　帚木）
〈（空蝉は弟の小君に）「このようなお手紙は見るような者もいないと（光源氏様に）申し上げなさい」とおっしゃると〉

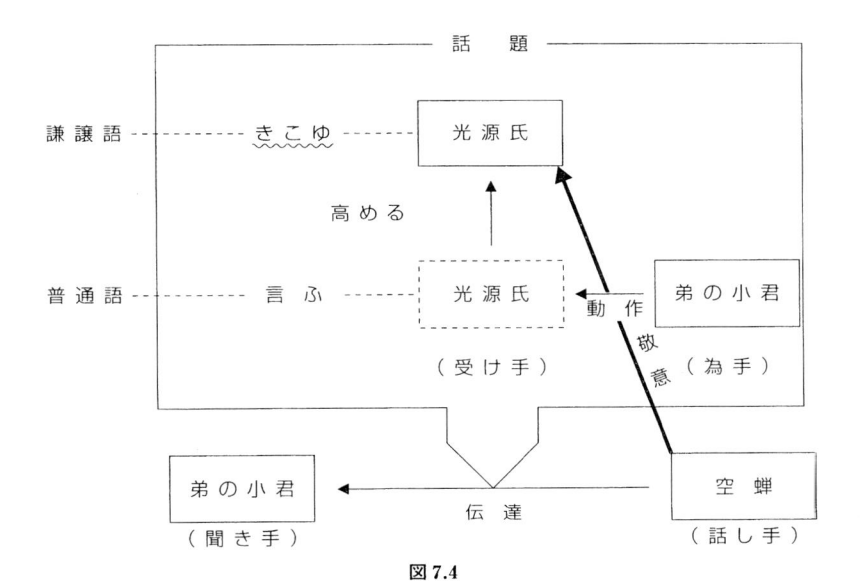

図 7.4

- 謙譲語: きこゆ — 光源氏（高める）
- 普通語: 言ふ — 光源氏（受け手） ← 動作 — 弟の小君（為手）
- 敬意
- 話題
- 弟の小君（聞き手） ← 伝達 — 空蝉（話し手）

この会話文は，話し手は空蝉で，聞き手は弟の小君であり，会話文の話題のうち言うという動作の主体（為手）は小君，言う動作の及ぶ対象（受け手）は光源氏である．その光源氏に言うという動作に対して「きこゆ」という謙譲語を用いることで，動作の対象（受け手）である光源氏に敬意を表している．

(3) 丁寧語（聞き手尊敬）

話し手が聞き手に対して敬意を表す言い方を丁寧語という[1]．これは聞き手に対して表された敬意であることから聞き手尊敬ともいう．

　例）さりとも見つくる折もはべらむ．（枕草子　上にさぶらふ御猫は）〈そうであっても見つける時もございましょう〉

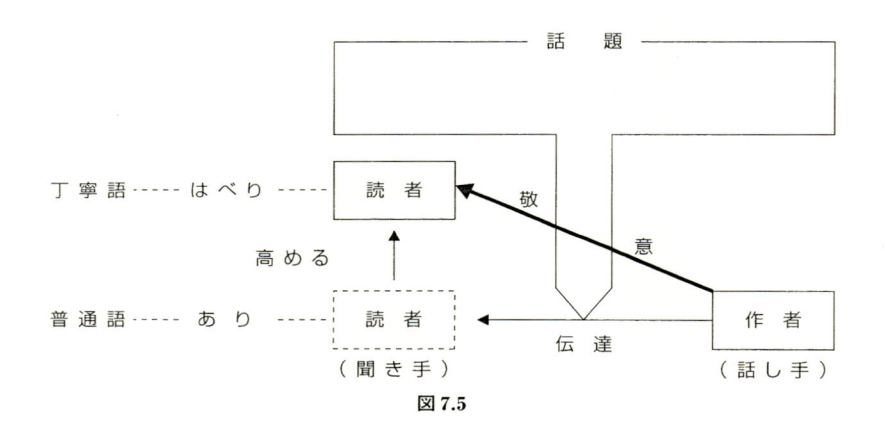

図 7.5

この地の文では，話し手は作者，聞き手は読者である．あるという状態に対して「はべり」という丁寧語を用いることで，聞き手である読者に敬意を表している．

　例）「しかしかの仰せ候ふ」と大臣に申しければ，（今昔物語集　22-8）
　　　〈（蔵人が）「「これこれのお言いつけがございます」と大臣に申し上げたので〉

この会話文では，話し手は蔵人，聞き手は大臣である．あるという状態に対して「候ふ」という丁寧語を用いることで，聞き手である大臣に敬意を表している．

丁寧語は「侍り」と「候ふ」だけで，平安時代には「侍り」が用いられ，鎌倉時代以降「候ふ」が用いられた．いずれも本来は「貴人のそばにおひかえする」という意の謙譲語であった．「候ふ」の読みは「さぶらふ」であったが，鎌倉時代には多く「さうらふ」となり，室町時代以降「さうらふ」に固定した．

---

[1] 奈良時代以前から，尊敬語・謙譲語は発達していたが，丁寧語はまだ用いられていなかった．

7.2 敬語の種類

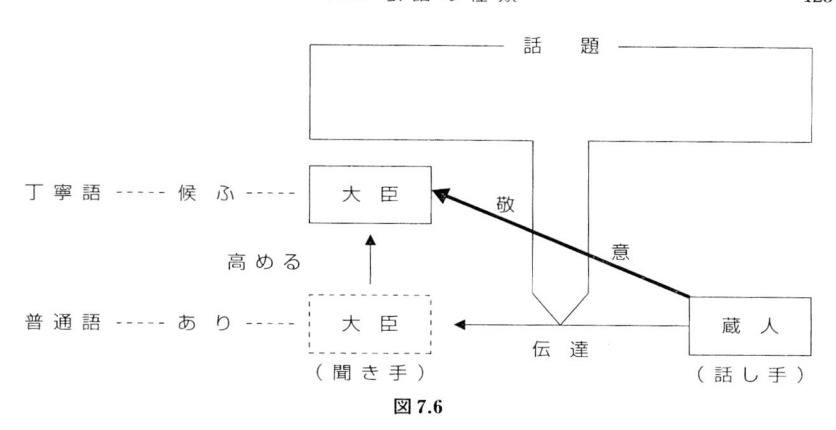

図 7.6

【補 説】
a 《誰に対する敬意かによる分類》敬語表現では，誰の誰に対する対する敬意が表されているかという点が重要である．その場合，敬意を表現する主体は常に話し手（書き手）であり，誰に対して払われた敬意かという点で敬語を分類すると，次の通りである．
　　話題のなかの動作主体（為手）に対する敬意　　…尊敬語（為手尊敬）
　　話題のなかの動作の及ぶもの（受け手）に対する敬意　…謙譲語（受け手尊敬）
　　話題のなかの人物とは関係なく聞き手に対する敬意　…丁寧語（聞き手尊敬）
b 《敬語の基本的枠組み》3種類の敬語の基本的な枠組みを図示すると次のようになる．

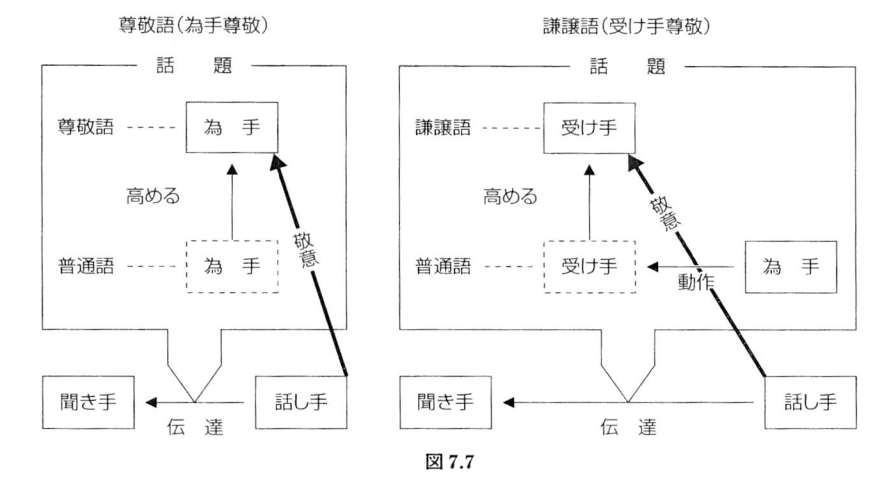

図 7.7

丁寧語（聞き手尊敬）

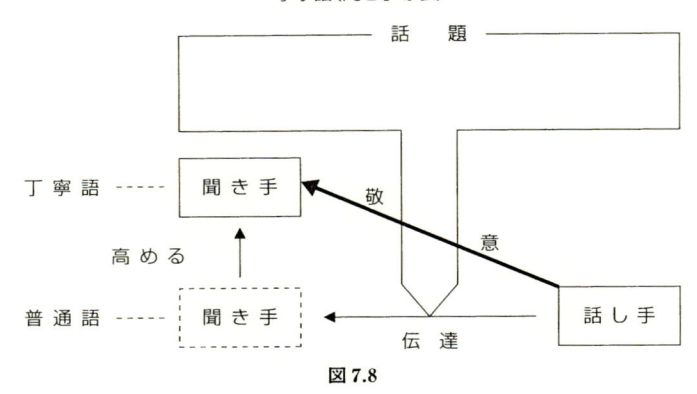

図 7.8

練習問題 73

次の文中から敬語を抜き出し，その敬語の種類を a ～ c から選び，記号で答えなさい．　a. 尊敬語　　b. 謙譲語　　c. 丁寧語

(1) をりをり内裏へまゐり．（枕草子　おひさきなく）
(2) 木曽殿のたまひけるは，（平家物語　9　木曽の最期）
(3) 心かしこき関守侍るめりと聞こゆ．（枕草子　頭の弁の職に）
(4) ある山里にたづね入ること侍りしに，（徒然草　11）
(5) 六衛府の官人の禄ども，大将たまふ．（源氏物語　若菜上）
(6) いかなる所にか，この木はさぶらひけむ．（竹取物語）
(7) これを聞きて，かぐや姫，少しあはれとおぼしけり．（竹取物語）
(8) 春宮の御方（＝明石の女御）は，じちの母君（＝明石の君）よりも，この御方（＝紫の上）をばむつましきものに頼み聞こえたまへり．いとうつくしげに，おとなびまさりたまへるを，思ひ隔てず，かなしと見たてまつりたまふ．御物語など，いとなつかしく聞こえかはしたまひて，中の戸あけて，宮にも対面したまへり．いとをさなげにのみ見えたまへば，心やすくて，おとなおとなしく親めきたるさまに，昔の御すぢをも尋ね聞こえたまふ．（源氏物語　若菜上）

7.3　敬語の表現形式

敬語の言い方には，敬意を含む動詞で表す統合的なものと，普通の言い方に敬語の補助動詞・助動詞・接辞をつける付加的なものとがある．

「……いみじう忍びたまひければ，知りはべらで，ここにはべりながら，
　　　　　　(A)　　　　　　　(B)　　　　　(C)

7.3 敬語の表現形式

御とぶらひにもまうでざりけるに」とのたまへば（源氏物語　若紫）
(D)　　　　　　　(E)　　　　　　　(F)
〈（僧都が尼君に）「……（光源氏は）たいそう人に知られないようになさっておられたので，（私は）知りませんで，ここにおそば近くに控えていながら，お見舞いにも参らないでいたのだが」とおっしゃると〉

上の文章における敬語を取り出すと次の通りである．
(A)「忍びたまひ」の「たまふ」は尊敬語の補助動詞
(B)「知りはべらで」の「はべり」は丁寧語の補助動詞
(C)「はべりながら」の「はべり」は謙譲語の動詞
(D)「御とぶらひ」の「御」は尊敬語の接頭語
(E)「もうでざりけるに」の「まうづ」は謙譲語の動詞
(F)「のたまへ」の「のたまふ」は尊敬語の動詞

複合動詞の場合，構成要素である，もとの動詞に対応する統合型の動詞があれば，「思ひ当つ」「言ひ返す」は「おぼし当つ」「申し返す」のように一方が敬語の表現となり，全体として複合敬語動詞になる．また，謙譲語の下二段活用「たまふ」は主として「思ふ」「見る」「聞く」につくが，「思ひ嘆く」「見」「聞き」のような複合語につく場合，その2語の間に入って「思ひたまへ嘆く」というようになる．

I　敬語の動詞一覧

	敬　語	普　通　語	現　代　語　訳
尊敬語	たまふ・たまはす・たぶ	与ふ・やる・くる	お与えになる・くださる
	のたまふ・のたまはす	言ふ	おっしゃる
	ます・います・おはす・おはします	あり・行く・来	いらっしゃる・おいでになる・おありになる
	めす	呼び寄す・取り寄す・着る・乗る・食ふ	お呼び寄せになる・お取り寄せになる・お召しになる・お乗りになる・召し上がる
	御覧ず	見る	御覧になる
	聞こす・聞こしめす	聞く・飲む・食ふ・治む	お聞きになる・召し上がる・お治めになる
	おもほす・おぼす・おもほしめす・おぼしめす	思ふ	お思いになる・お考えになる・お心になさる
	しろしめす	知る・治む	知っていらっしゃる・お治めになる
	大殿籠る	寝ぬ	おやすみになる
	奉る	着る・乗る	お召しになる・お乗りになる
	参る	食ふ・飲む	召し上がる

第7章 敬　　語

	敬　　語	普　通　語	現　代　語　訳
謙譲語	奉る・まゐらす	与ふ・やる	さしあげる
謙譲語	たまはる	受く・もらう	いただく
謙譲語	申す・聞こゆ・聞こえさす・奏す・啓す	言ふ	申し上げる
謙譲語	承る	聞く	承る・伺う
謙譲語	参る・まうづ・まかる・まかづ	行く・来・去る	伺う・参上する・参詣する・お暇申し上げる・退出する
謙譲語	仕へまつる・仕うまつる	仕ふ・す・作る	お仕え申し上げる・してさしあげる・作って差し上げる
謙譲語	侍り・さぶらふ	あり	お控え申し上げる・お仕え申し上げる
丁寧語	侍り・さぶらふ・さうらふ	あり	ございます・あります

II　敬語の補助動詞・助動詞一覧

		敬　語	現　代　語　訳
尊敬語	助動詞	－る・－らる －す（下二段）・－さす －しむ －す（四段　ただし、上代の用法）	お（ご）－になる・（お・ご）－なさる・－れる・－られる
尊敬語	補助動詞	－たまふ（四段） －ます	お－になる・お－なさる・お－あそばす・－てくださる
尊敬語	補助動詞	－おはす －おはします	－ていらっしゃる・－ておいでになる
謙譲語	補助動詞	－奉る・－申す・－聞こゆ・－聞こえさす・－まゐらす	お－申し上げる・お－する・お－いただく・－ていただく・－てさしあげる
謙譲語	補助動詞	－たまふ（下二段）	－せていただきます・－させていただきます・－いたします
丁寧語		侍り さぶらふ さうらふ	－ございます・－です・－ます・－いたします・－ております

III　敬語の名詞・代名詞・接辞一覧

	名詞	代名詞	接頭語	接尾語
尊敬語	上（うへ）・殿（との）・君（きみ）・御門（みかど）・行幸（みゆき）	そこもと いまし	御（お）（前） 御（おほん）（ぐし） 御（おん）（時） 御（おん）（身）	（中納言）殿（どの） （若）君 （俊成）卿（きゃう） （おのおの）がた

	名　詞	代名詞	接頭語	接尾語
謙譲語		おのれ それがし なにがし わらは	拝（見） 拙（僧） 愚（案） 小（宅）	（われ）ら （こ）ども

練習問題 74

次の文中から敬語を抜き出し，その敬語の種類をa～cから，文法的性質をD～Fから選び，記号で答えなさい．

［敬語の種類］　a．尊敬語　　b．謙譲語　　c．丁寧語
［文法的性質］　D．動詞（本動詞）　　E．補助動詞　　F．助動詞

(1) 世しづまり候ひなば，勅撰の御沙汰候はんずらん．（平家物語　7　忠度の都落ち）

(2) かの国の父母のこともおぼえず，ここには，かく久しく遊び聞こえて，ならひ奉れり．（竹取物語）

(3) 親の太秦に籠りたまへるにも，異事なくこのことを申して，出でむままにこの物語見果てむと思へど，見えず．（更級日記）

(4) はかばかしき身に侍らねど，世に侍らむ限り，御目かれず御覧ぜられ，おぼつかなき隔てなくとこそ思ひたまふれ．（源氏物語　少女）

(5) 九月二十日の頃，ある人に誘はれ奉りて，明くるまで月見ありくこと侍りしに，思し出づる所ありて，案内せさせて入りたまひぬ．（徒然草　32）

(6) この御子三つになりたまふ年，御袴着のこと，一の宮の奉りしに劣らず，内蔵寮・納殿の物を尽くして，いみじうせさせたまふ．（源氏物語　桐壺）

7.4　注意すべき敬語表現

敬語を重ね用いて，敬意を強めたり，複数の人物に対して敬意を表したりすることがある．尊敬語を重ね用いた場合は最高の敬意を表し，種類の異なる敬語を重ねて用いた場合は複数の人物に対する敬意を表す．

(1) 二重尊敬（最高敬語）

敬意に高低を使い分ける表現では，一つの動作の表現に対して尊敬語を重ね用いて，特に敬意を強めることがある．「書き給ふ」に対する「書かせ給ふ」，「のたまふ」に対する「のたまはす」というように，尊敬語を重ねると敬意がより高くなる（→132頁コラム）．このように，尊敬語を重ね用いて，特に身分の高い人物に対して極めて高い敬意を表すことを二重尊敬，または最高敬語と呼ぶ．

例）御息所はかなき心地にわづらひて，まかでなむとしたまふを，いとまさらに許させたまはず．（源氏物語　桐壺）〈御息所（桐壺更衣）はちょっとした病気で苦しんで，宮中から退出してしまおうとなさるが，（帝は）おひまを全くお許しにならない〉

　ここでは，御息所の動作には「たまふ」と表現しているのに対して，帝の動作には「せたまふ」というように二重尊敬を用いて，特に高い敬意を表している．地の文では天皇・中宮・関白など特に身分の高い人物に対して用いられるが，会話文ではそれほど身分が高くない人物に対しても用いられることもある．

　二重敬語には，「おはします」「きこしめす」のように尊敬の動詞を重ねたもの，「のはまはす」のように尊敬の動詞と尊敬の助動詞を重ねたもの，「せたまふ」「させたまふ」のように尊敬の助動詞と尊敬の補助動詞を重ねたものがある．「おはします」「おぼしめす」は普通複合語として扱うが，本来は「おはし・ます」「おぼし・めす」という尊敬の動詞を重ねたもので，特に高い敬意を表す語である．

(2) 二方向に対する敬意

　話し手よりも相対的に身分の高い人物が複数登場する場合，複数の敬語を重ね用いることによって，複数の人物に対して敬意を表すことがある．

例）御簾の内に入れ奉りたまふ．（源氏物語　桐壺）〈（帝は光源氏を）御簾の内側にお入れ申し上げなさる〉

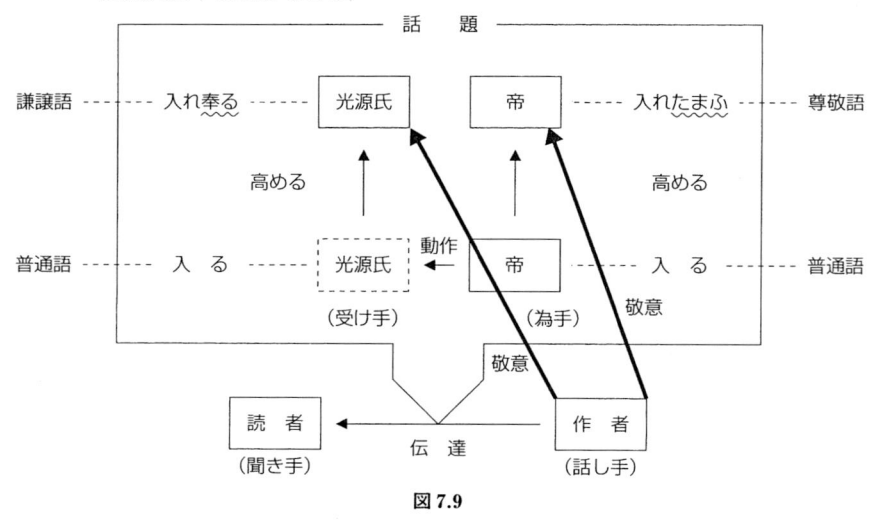

図 7.9

　上の地の文では話し手は作者，聞き手は読者であり，話題の中の人物のうち，入れるという動作の主体（為手）は帝，動作の及ぶ対象（受け手）は光源氏である．補助

7.4 注意すべき敬語表現

動詞「たてまつる」は作者(話し手)の光源氏(受け手)に対する敬意を表し,補助動詞「たまふ」は作者(話し手)の帝(為手)に対する敬意を表している.話し手は「入る」という動作の表現を通して,帝と光源氏という複数の人物に対する敬意を表している.

例)中将,「さらば,さるよしをこそ奏し侍らめ.……」と聞こえたまひて,(源氏物語 夕顔)〈頭中将は「それならば,そうである訳を(帝に)申し上げてはどうでしょう.……」と(光源氏に)申し上げなさって〉

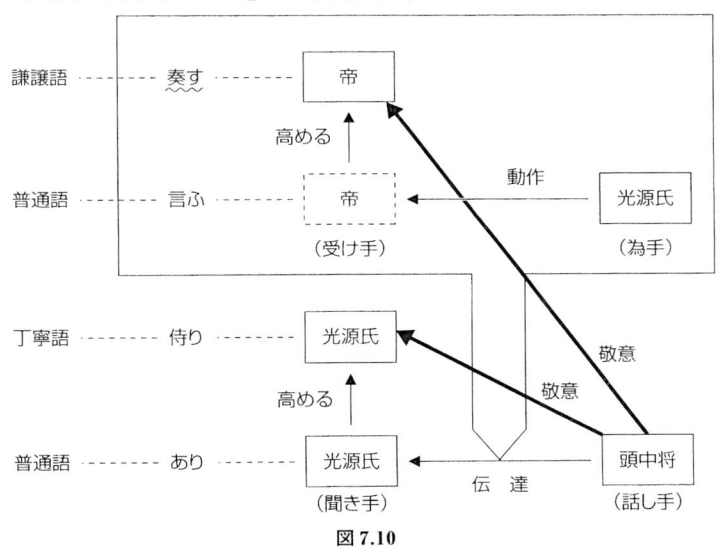

図 7.10

この会話文では話し手は頭中将,聞き手は光源氏で,話題のなかの人物は言う動作の主体(為手)は光源氏,言う動作の及ぶ対象(受け手)は帝である.「奏す」は頭中将(話し手)の帝(受け手)に対する敬意を表し,「侍り」は頭中将(話し手)の光源氏(聞き手)に対する敬意を表す.

このように,敬語を重ねて用いる場合,必ず「謙譲語+尊敬語+丁寧語」(「申したまひ候ふ」)の順になる.この順序は一定であって,二つ重ねる場合も「謙譲語+尊敬語」(「申したまふ」),「謙譲語+丁寧語」(「申し候ふ」),「尊敬語+丁寧語」(「たまひ候ふ」)となる.

【補　説】
　a **《敬語による人物関係の把握》**古典の文章では主語を明示しないことが多いが,敬語表現によって誰の動作か,誰に対する動作か,また誰のものかが理解できる.
　　例)尼君,髪を掻きなでつつ,「……」とていみじう泣くを,見たまふもすずろに悲し.(源氏物語　若紫)〈尼君は(紫の上の)髪をかきなでながら,「……」と言ってたいそう泣くのを御覧になるのもなんとなく悲しい〉

　　　　この文では，尼君に対しては「泣く」という敬意のない表現をしていることから，「見たまふ」という表現において，見る動作の主体は尼君ではなく，光源氏であることがわかる．このように敬語は文章理解にも重要な鍵になる．
　b　《敬意のあり方》謙譲語は，話題の中の人物のうち，為手を「低める」ことによって，相対的に受け手を高めると説明されることもあるが，その「低める」という説明は必ずしも穏当ではない．図7.9のような例は，帝（為手）を低めて光源氏（受け手）を相対的に高めると説明することはできず，話し手から複数の人物に向けられた敬意の表現と認められる．ここでは，話題のなかの人物の相対的な身分関係を問題とするのではなく，話し手が複数の人物を別個に「高める」ことによって敬意を表しているのである．したがって，「低める」という説明は本書では採らない．
　c　《下二段活用の「たまふ」》下二段活用の補助動詞「たまふ」は謙譲語に分類されるが，この語は会話文中で，話し手側の動作を表す「思ふ」「見る」「聞く」などの語について，話し手のかしこまりやへりくだりの気持ちを表して，聞き手に対する敬意を表す意で用いられるという特徴がある．したがって，これを丁寧語に分類する説もある．
　　例）「『かの大納言の御むすめ，ものしたまふ』と聞きたまへしは，すきずきしき方にはあらで，まめやかに聞こゆるなり」とおしあてにのたまへば，（源氏物語　若紫）
　　〈（光源氏は尼君に）「『あの大納言の娘様がいらっしゃる』とお聞き申し上げたことについてはどうなのでしょう．好色めいた気持ちからではなくて，まじめに申し上げるのです〉
　　　この会話文では話し手は光源氏，聞き手は尼君で，話題のなかの人物も聞く動作の主体は光源氏（為手），動作の対象は，それとなくうわさをする世間の人々である．したがって，本来的には「聞きたまへ」は光源氏（話し手）の世間の人々に対する敬意を表すことになるが，そのように解釈するのは穏当ではなく，ここでは話し手のかしこまりやへりくだり，慎みの気持ちなどを表して，相対的に聞き手を高め，丁寧の意を表すと理解される．前記のbで，為手を「低める」と説明するのは必ずしも穏当ではないと記したのは，このようなかしこまりやへりだくだりの気持ちを表す場合にも，為手を「低める」という考え方が見られるからである．しかし，これは謙譲語の枠組みに基づく丁寧な言い方であって，ふつう現代語では「丁重語」（謙譲語Ⅱ）と呼ばれるものである．

(3) 話し手自身に対する敬意

敬語表現には，話し手が話し手自身に対して敬意を表す場合がある．
　例）「この女，もし奉りたるものならば，翁に冠をなどか賜はせざらむ」（竹取物語）
　〈（帝は）「このむすめを，もし私に差し上げたならば，翁に位階をどうしてお与えにならないことがあろうか」〉

ここでは，話し手は帝で，翁（為手）が帝（受け手）に対して与える動作に「たてまつる」という謙譲語（受け手尊敬）を用い，帝（為手）が翁（受け手）に与える動作に「たまはす」（動詞「たまふ」と助動詞「す」の二重敬語）という尊敬語（為手尊敬）を用いている．いずれも帝（話し手）の帝自身に対する敬意を表している．このような敬語の用法を自敬表現という．これは，話し手が実際そのように言ったというのではなく，作者（話し手）の帝に対する敬意が入り込んだものとも理解される．自敬表現は，帝など特に身分の高い人の会話文に見られる．

7.4 注意すべき敬語表現

これとよく似た構造を持つものに尊大表現がある．
　例）「なほ，もて参れ」とのたまふ．（源氏物語　夕顔）〈（光源氏は侍女の右近に）「もっと私の近くに紙燭をもってまいれ」とおっしゃる〉

ここでは，話し手が光源氏で，右近（為手）の光源氏（受け手）に対する動作に「まゐる」という謙譲語（受け手尊敬）を用い，光源氏（話し手）の光源氏自身に対する敬意を表している．このような話し手自身に対する敬意の表現を尊大表現といい，身分の上下関係が客観的に明らかである場合の会話文に用いられる．これは，物語作者に関わるものではなく，実際の発話と考えてよい．

(4) 絶対敬語

敬語のなかには，天皇・中宮・上皇・皇太子などに限定して用いられるものがある．これを絶対敬語という．「言ふ」の謙譲語（受け手尊敬）で，天皇に申し上げる意の「奏す」，中宮・上皇・皇太子などに申し上げる意の「啓す」がよく用いられる．
　例）「丑四つ」と奏すなり．（枕草子　大納言殿まゐり給ひて）
　　〈「丑四つ（午前2時半頃）だ」と申し上げるのが聞こえる〉
　例）お前にありて，ありつるやう啓すれば，（枕草子　大進生昌が家に）
　　〈（中宮の）御前にいて，あったようすを申し上げると,〉

このほか，漢語として次のような例がある．
　行幸(ぎゃうかう)（天皇の外出）　　行啓(ぎゃうけい)（皇后・皇太后・皇太子などの外出）
　玉座(ぎょくざ)（天皇の座席）　　御璽(ぎょじ)（天皇の印）　　御製(ぎょせい)（天皇の作った詩歌）
　御所(ごしょ)（宮廷）　　　　　御幸(ごかう)（上皇・法皇・女院などの外出）

練習問題 75

【1】次の文章は『枕草子』の一節である．人物関係を考えて，下線部の敬語は誰の誰に対する敬意を表すか，a～dから選び，記号で答えなさい．
　　a．一条天皇　b．藤原伊周　c．中宮定子　d．作者（清少納言）
　上の御前（＝一条天皇）の，柱に寄りかからせたまひて，少し眠(ねぶ)らせたまふを，（藤原伊周が）「かれ，見奉らせたまへ．今は明けぬるに，かう大殿ごもるべきかは」と（中宮定子に）申させたまへば，「げに」など，宮の御前（＝中宮定子）にも笑ひ聞こえさせたまふも，知らせたまはぬほどに，（枕草子　大納言参り給ひて）

【2】次の下線部の敬語の用法を説明しなさい．
　(1) 御前には啓し侍りぬ．（源氏物語　須磨）
　(2) はての御盤取りたる蔵人参りて，おもの奏すれば，中の戸より渡らせたまふ．
　　（枕草子　清涼殿の丑寅の隅の）
　(3)（御門が）仰せたまふ，「なんぢ（＝竹取の翁）が持ちて侍るかぐや姫奉れ．顔かたちよしと聞こしめして，御使ひをたびしかど，かひなく見えずなりにけり．

かくたいだいしくやは習はすべき」と仰せらる．（竹取物語）
(4) （光源氏が左大臣に）「よろづのことよりは，柳花苑(2)なむまことに後代の例ともなりぬべく見たまへしに，まして，栄ゆく春に立ち出でたまへらましかば，世の面目にや侍らまし」と聞こえたまふ．（源氏物語　花宴）

【3】次の文中から敬語を抜き出し，その用法を説明しなさい．
(1) 中納言殿（＝藤原隆家）参りたまひて，（中宮定子に）御扇奉らせたまふに，「隆家こそいみじき骨（＝扇の骨）は得て侍れ．それを張らせて参らせむとするに，おぼろけの紙は，え張るまじければ，求め侍るなり」と申したまふ．（枕草子　中納言殿参りたまひて）
(2) 「参りては，いとど心ぐるしう，心・肝も尽くるやうになむ」と，内侍のすけの奏したまひしを，もの思ひたまへ知らぬ心地にも，げにこそ，いと忍びがたう侍りけれ．（源氏物語　桐壺）

■ コ ラ ム　　敬意の高低を言い表す表現形式

　同じ意味を表す敬語動詞にも，敬意の高さに差がある場合がある．それによって，人物相互の関係から，その主語が誰かを特定することもできる．表現形式の上で，次のような傾向が見られる（以下，「A＞B」は，AはBより敬意が高いことを表す）．
(1) 敬意を含む動詞で表す統合的な言い方のほうが，普通語に敬語の補助動詞・助動詞がつく付加的な言い方より敬意が高い．
　例）ごらんず＞見たまふ　　（「御覧ず」は，古くは天皇・皇后などを主語とした）
　　　おもほす・おぼす＞おもひたまふ（「おもほす」は「思ふ」に上代の尊敬の助動詞「す」
　　　　　　　　　　　　　　　　　の付いた「おもはす」の転，「おぼす」は「おもほす」の転）
(2) 敬意を表す要素が重なっている語のほうが，より敬意が高い．
　例）おぼしめす＞おぼす　　（「めす」は「見る」に，上代の尊敬の助動詞「す」の付いた
　　　きこしめす＞きこす　　「みす」の転で，もとは「見る」の尊敬語）．
　　　おはします＞おはす　　（「ます」は尊敬の補助動詞）．
　　　まします＞ます　　　　（「まします」は，神仏や天皇などを主語とする）
　　　たまはす＞たまふ　　　（「す」は尊敬の助動詞）
　　　のたまはす＞のたまふ　（「のたまはす」は，主語が天皇・上皇・皇后などである場合
　　　　　　　　　　　　　　に用いられる最高敬語）
(3) 語形が長いほうが，より敬意が高い．
　例）たまふ＞たぶ　　　　　（「たぶ」は「たまふ」の転とされている）
　　　きこえさす＞きこゆ　　（「さす」は使役の助動詞で，「きこゆ」の謙譲の意を強めた表
　　　　　　　　　　　　　　現．受け手に対する敬意がより高い）

---

2) 柳花苑……舞の名．

第8章
特殊な構造の文

8.1 引用のことば

　ある人が聞き手に話したり，読み手に書いたり，また，心のなかで思ったりしたことばは，地の文とは対照的な性格をもっていて，ある書物からの抜き出しと同様に，引用としてとらえることができる．引用のことばは大きく次のように分類される．

(1) 会話文
　ある人が聞き手に話したことばで，次のような表現が典型的である．

$$
(発話者) \left\{ \begin{array}{l} いはく^{1)} \\ いふやう \\ いふ \\ (ナシ) \end{array} \right\} 「会話文」 \left\{ \begin{array}{l} といふ \\ などいふ \\ とて…… \\ と…… \\ (ナシ) \end{array} \right.
$$

　例）ある人のいはく，「かきつばた，といふ五文字を句の上にすゑて，旅の心をよめ」といひければ，よめる．（伊勢物語　9）〈ある人が言うことには「かきつばた，という五文字を句頭に置いて，旅中の思いを詠んでみよ」と言ったので，男は詠んだ〉

　多くは，会話文の発話者が表現されることはないが，会話文を承ける部分には「と・とて・など」が示されている．この会話文に続く内容を手がかりに，発話者を特定する必要がある．

(2) 手紙文（消息文）
　ある人が読み手に書いて知らせることばで，主として「と・など」で承ける．

[1)]「いふ」の代わりに「のたまふ」「おほす」「おほせたまふ」「申す」など，また，「いはく」の代わりに「のたまはく」「まうさく」「いひけらく」などのク語法が用いられることがある．

「手紙文」 { と / とて / など } ………[地の文]

例) 小少将の君の，文おこせたる返りごと書くに，時雨のさとかきくらせば，使ひも急ぐ．「また，空の気色もうちさわぎてなむ」とて，腰折れたることや書きまぜたりけむ．（紫式部日記）〈小少将の君が手紙をよこした，その返事を書いていると，（折から空がかき曇り），時雨がさっと降ってきたので，使いの者も急ぐ．「私の気持ちだけでなく，また空のようすもざわついています」としたためて，腰折れ歌を書きまぜたかしら〉

(3) 思う内容（心中思惟）

心のなかで思う内容を記す場合，次のような表現で

「思う内容」 { と / とて / など }　（おもふ）（ねがふ）

例)「さりともつひに男をあはせざらむやは」と思ひて，頼みをかけたり．（竹取物語）〈「そうはいっても結局は結婚させないわけがないだろう」と思って，期待をかける〉

例) おろかなる人は「用なき歩(あり)きはよしなかりけり」とて来ずなりにけり．（竹取物語）〈熱意のない人は「無駄な行動はつまらないことだ」と思って，来なくなった〉

ふつう発話者が誰か明示されていない．したがって，話し手が誰であるか読解するためには，登場人物の人間関係を示す敬語の用法が一つの決め手になる．

【補　説】
a 《思う内容を表す形容詞連用形》形容詞の連用形が連用修飾語となって「思ふ」「おぼす」などにかかる場合，その思惟内容を表すことがある（→6.2「に」補説 a）．
　例) 命長さの，いとつらう思ひたまへ知らるるに，松の思はむことだに，恥(はづ)かしう思ひたまへはべれば，ももしきに行きかひはべらむことは，まして，いと憚り多くなむ．（源氏物語　桐壺）〈長生きがとても辛いことだと思い知られますうえに，高砂の松がどう思うかさえも，恥ずかしいと存じられますので，内裏にお出入りいたしますことは，なおさらとても遠慮いたしたい気持ちでいっぱいです〉

練習問題 76

次の文章は，道綱の母が大夫（＝道綱）に養女を迎えに行かせた時に，夫である藤原兼家の久しぶりの来訪を受ける場面を綴った一節である．文中から引用のことばを抜き出しなさい．

　今日めづらしき消息(せうそこ)ありつれば，さもぞある．行(い)きあひては悪(あ)しからむ．いとと

くものせよ．しばしは気色見せじ[2]．すべてありやうに従はむなど，定めつるかひもなく，先立たれにたれば，言ふ甲斐なくてあるほどに，とばかりありて来ぬ．大夫はいづこに行きたりつるぞとあれば，とかく言ひ紛らはしてあり．日ごろも，かく思ひまうけしかば，身の心細さに，人の捨てたる子をなむ取りたるなどものしおきたれば，いで見む．誰が子ぞ．われ今は老いにたりとて，若人求めて，我を勘当したまへるならむ[3]とあるに，いとをかしうなりて，さは見せたてまつらむ．御子にしたまはむやとものすれば，いとよかなり．させむ．なほなほとあれば，われも，とういぶかしさに，呼び出でたり．（蜻蛉日記　下）

8.2　はさみこみ（挿入）

文の途中に，説明や考えなどを述べる文節または文を挿入することがある．

挿入されることばは，活用形の終止形のほか，係助詞を伴って連体形もしくは已然形で終わることが多い．

（1）終止形で終わる語句の挿入

例）その時，みかどの御むすめ，いみじうかしづかれたまふ，ただひとり御簾のきはに立ち出でたまひて，柱によりかかりて御覧ずるに，（更級日記）〈そのとき，天皇の御娘で，大切に育てられていらっしゃったのが，たった一人で御簾のもとにお出ましになり柱にもたれて庭をごらんになっていましたが〉

ここでは，「みかどの御むすめ」が「立ち出」てきたことを述べるが，その「みかどの御むすめ」に関して「いみじうかしづかれたまふ」と説明を補足している．

（2）係り結びとなっている語句の挿入

例）女をとかく言ふこと月日経にけり．岩木にしあらねば，心苦しとや思ひけむ，やうやうあはれと思ひけり．（伊勢物語　96）〈女に何かと言い寄ることが続いて月日が経った．女も木石ではないので，気の毒だと思ったのだろうか，男に次第に心を寄せるようになった〉

上の文では，「あはれと思」うようになった理由を「心苦しとや思ひけむ」と推量して説明している．

例）まれまれかの高安に来て見れば，初めこそ心にくくもつくりけれ，今はうちとけて，手づから飯匙とりて，笥子の器物に盛りけるを見て，心憂がりて行かずなりにけり．（伊勢物語　23）〈たまたま例の高安に来てみると，男が通

---

[2]　しばらくは養女のことを知られないようにしておこうの意．
[3]　若い男を探して，私を追放しようとなさるのであろうの意．

い始めた頃は奥ゆかしくも粧(よそお)っていたが，今は気を許して手で杓子をとって，飯を盛る器に盛ったのを見て，いやになって行かなくなってしまった〉

「初め」は上品そうにしていたが，「今」は下品なようすであることを対比させて述べる場面に用いられた挿入句である．「こそ－已然形」が挿入された場合，次の表現に対して逆接の意味で続く場合が多い．

(3) その他

例）少し，さしのぞきたまへれば，門(かど)は，蔀(しとみ)のやうなるを押しあげたる，見いれの程なく，ものはかなき住まひを，あはれに，「いづこかさして」と，思ほしなせば，玉の台(うてな)も同じことなり．（源氏物語　夕顔）〈門は蔀のようなのを押し上げてあって，その奥行きはなく，なんとなくみすぼらしい住まいを，しみじみと，「どの家を終生の住まいと決められようか」とお考えになると，立派な御殿もこの住まいと同じことである〉

「門（かど）は見いれの程なく」（「見いれ」は見通すことの意，「程(ほど)」は広さ・奥行きの意），すなわち，門からの奥行きがない，みすぼらしい家だと言っているのである．「蔀(しとみ)のやうなるを押しあげたる」は門のようすを説明した表現で，ここでは挿入された準体句と見るとわかりやすい．

例）「これに置きて，参らせよ．枝も情なげなめる花を」とて，取らせたれば，門あけて惟光(これみつ)の朝臣出で来たるして，奉らす．（源氏物語　夕顔）〈「これにのせて差し上げなさい．枝も風情がなさそうな花ですもの」と言って渡したので，（それをもらって）門を開けて惟光朝臣が出て来たのに取り次がせて差し上げさせる〉

ここでは，「惟光(これみつ)の朝臣」が同格の用法で，準体句「出で来たる」にかかっている．これに「門あけて」が挿入されていると見ることができ，全体としては「門あけて出で来たる惟光の朝臣して」ととらえればよい．

例）馬の中将の君を先に立てたれば，行くへも知らずたどたどしきさまこそ，我が後ろを見る人，はづかしくも思ひ知らるれ．（紫式部日記）〈【私（紫式部）が】馬の中将の君を前に立てて行くので，どこへ行くのかもわからず，おぼつかない足取りで付いて行くようすが，私の後ろ姿を見ている人（がどう見ただろうかと），心から恥ずかしく思われた〉

「たどたどしきさま」が「はづかしく」思われるという表現であり，「我が後ろを見る人」に対して「はづかし」と感じるという表現でもある．これも挿入の一種と見るべきもので，「我が後ろを見る人」の後には「いがが見けむ」などのような表現が省略されていると解釈するとわかりやすい．

練習問題 77

次の文中から，挟み込まれた表現を抜き出しなさい．
(1) 前の世にも御契りや深かりけむ，世になく清らなる玉の男御子さへ生まれたまひぬ．（源氏物語　桐壺）
(2) 「罷(まか)らずとて，立ちぬる人を待ちて詠まむ」とて求めけるを，夜更(よふ)けぬとにやありけむ，やがて往(い)にけり．（土佐日記）
(3) 宰相(さいしょう)の君は，北野(きたの)の三位のよ，ふくらかに，いとやうだいこまめかしう，かどかどしきかたちしたる人の，うちゐたるよりも見もてゆくに，こよなくうちまさり，らうらうじくて，口(くち)つきに，恥(は)かしげさも，匂(にほ)ひやかなることも添ひたり．（紫式部日記）[4]

8.3　倒置と省略

(1) 倒　置

例）知らず，生まれ死ぬる人，いづ方より来たりていづ方へか去る．（方丈記）〈私は知らない，生まれたり死んだりする人がどこから来て，どこへ去っていくのかを〉

文の成分がふつうの文とは異なる順序で表現されていることを倒置という．話し手が感動や驚きなどの気持ちから意味を強めるために用いる．これには大きく二つのタイプがある．

　　Ⅰ　修飾語＋被修飾語　→　被修飾語＋修飾語
　　Ⅱ　主語＋述語　→　述語＋主語

上の文はⅠのタイプで，次の文はⅡのタイプである．

例）何にかあらん，雀の落として去(い)ぬる物は．（宇治拾遺物語　3-16）〈何であろうか，雀が落としていった物は．〉

(2) 省　略

例）まだいと若うて，后のただにおはしける時とや．（伊勢物語　6）〈后がまだずっと若くて，まだ入内なさっていなかった時のことだとかいうことだ．〉

「とや」は「言ひける」などが続くべきところである．このような，文の述語などが言い表されていないことを省略という．

---

[4] 宰相の君は，北野三位（藤原遠度）の娘よ，ふくよかで，とても容姿が美しく，才気あふれる容貌の人であって，ちょっと向かい合って座っている時よりも，つきあっていく内に格段に見まさりし，洗練されていて，口許にはこちらが気おくれするほどの気品や美しさが備わっているの意.

特に，係り結びにおける結びとなる語句を省略して，係助詞で文を言い終えることがある．これを「結びの省略」という．省略される語句は，「あり」「言ふ」「思ふ」や，それらに推量の助動詞「む」「けむ」などのついたものが多く，そのような結びの語句を省略しても文意が伝わる場合に，余情を持たせたり，文を簡潔にし生き生きとさせたりする言い方として用いられる．

例）かく聞こえたりければ，見さして帰りたまひにけりとなむ．（伊勢物語 104）〈こう申し上げたので，見物なかばでお帰りになったということだ〉〔「いふ」などの省略〕

例）ここに物したまふは誰にか．（源氏物語　若紫）〈ここにいらっしゃるのは誰ですか〉〔「ある」の省略〕

省略は会話文，心中思惟，手紙文など引用のことばに現れることが多い．

例）「かく騒がしげにはべるめるを，この朝臣さぶらへば，と思ひたまへ譲りてなむ」と御消息きこえたまふ．（源氏物語　野分）〈こんなに風が騒がしいようではございますが，この夕霧の朝臣がお側におりますので，と存じて，彼に万事譲りまして」と（源氏は三条の大宮に）お手紙を差し上げなさる〉

野分（暴風雨）が襲来するので，源氏は三条の大宮が心細がっているだろうと案じて，夕霧を遣わすという旨の手紙を差し上げる場面である．心中思惟である「さぶらへば」の後には，安心してくださいというような表現が，手紙文の末尾である「思ひたまへ譲りてなむ」の後には，夕霧を遣わしますなどという表現が省略されている．

(3) 結びの消滅

係助詞を受ける活用語で文が終止せずに，下にそのまま続くことがある．これを「結びの消滅」（「結びの流れ」とも）という．

例）姫君をぞ堪へがたく恋ひ聞こえたまへど，絶えて見せ奉りたまはず．（源氏物語　真木柱）〈(大将は)姫君を耐え難いまでに恋しくお思いでいらっしゃるが，どうしてもお会わせにならない〉

例）年ごろよく比べつる人々なむ，別れがたく思ひて，日しきりに，とかくしつつ，ののしるうちに，夜更けぬ．（土佐日記）〈長年親しくつきあっていた人々は別れづらく思って，一日中あれこれと忙しくして騒いでいる内に夜も更けた〉

練習問題 78

次の文中にはどのような結びが省略されているか，指摘しなさい．
(1) 私の御志もなかなか深さまさりてなむ．（源氏物語　蜻蛉）
(2) そのたび，公卿の家十六焼けたり．まして，そのほか数へ知るに及ばず．すべて都のうち，三分が一に及べりとぞ．（方丈記）

（3）「木立(こだち)いとよしあるは，何人(なにびと)の住むにか」と問ひ給へば，（源氏物語　若紫）
（4）外(ほか)より来たる者などぞ「殿(との)は何にかならせたまひたる」など問ふに，答(いら)へには「何の前司(ぜんじ)にこそは」などぞ必ず答ふる．（枕草子　すさまじきもの）
（5）今日(けふ)はまして母の悲しがらるることは，下りし時の人の数(かず)足らねば，古歌(ふるうた)に「数は足らでぞ帰るべらなる．」といふことを思ひ出でて，人の詠めると言ひつつなむ．（土佐日記）

8.4　格関係の解釈

（1）主語・目的語の無表示

　古文では主語が明示されていないことが多く，その場合，前後の文脈から主語は誰か，どれかを判断する必要がある[5]．次の文は，夜に中宮彰子が内裏に還啓するのに紫式部たち女房が付き従っている場面の一節であるが，ここには述語として「思ふ」が二度見られる．
　　例）大納言・宰相の君，黄金造(こがねづく)りに，次の車に小少将・宮の内侍，次に馬(うま)の中将と乗りたるを，わろき人とのりたりと思ひたりしこそ，あなことごとしと，いとどかかるありさま，むつかしう思ひはべりしか．（紫式部日記）〈大納言と宰相の君は黄金造りの車に，次の車に小少将と宮の内侍，その次の車に【私（紫式部）が】馬の中将と乗ったのを，【馬の中将が】悪い人と乗り合わせたと思っていたようすは，まあもったいぶっていると，一層このような宮仕えが煩わしく思われたことでした〉

「思ひたりしこそ」の主語は紫式部と同乗した「馬の中将」であり，「思ひはべりしか」の主語は作者紫式部である．「ことごとし」と感じる対象が，馬の中将の思いであることは文脈から知られよう[6]．
　また，次の文では「破りてむ」の目的語も明示されていない．
　　例）とまれかうまれ，とく破りてむ．（土佐日記）〈とにもかくにも早く（この日記を）破り捨ててしまおう．〉
　このような場合，目的語が何であるかを判断しなければならないが，それは動作・作用の対象となるものであるから，動詞の表す意味内容からその範囲は自ずから絞り込まれる．ここでは，破るという動作の対象となるものであるから，裂けるものである紙や布の類ということになろう．

---

[5] 主語もしくは連用修飾語が文中に欠如しているのは省略とは呼ばない．
[6] 読み手に諒解されていることはあえて言い表さないのである．

(2) 主語の転換

一つの文のなかで，複数の述語がある場合，主語が同じこともあれば，主語が転換することもある．

 例）うへは入らせ給ひて，右の大臣を御前に召して，筆とりて書きたまふ．（紫式部日記）〈主上は御簾の中へお入りになって，右大臣をお前にお召しになり，【右大臣が】筆をとって（加階の名簿を）お書きになる〉

上の文では「入らせ給ひて，右の大臣を御前に召して」の主語は「うへ」であることは明示されているから，「筆とりて書きたまふ」も「うへ」が主語であるように考えがちである．しかし，文脈から見て，そもそも天皇が御簾のなかに入って右大臣を呼び出しているのだから，天皇自らが筆をとる状況であるとは考えられない．従って，「筆とりて書きたまふ」の主語は御前に召された右大臣ということになるのである．ここでは主語の転換が行われている．

主語が転換している例として，次の文を見てみよう．

 例）これは，二条の后の，いとこの女御の御もとに仕うまつるやうにてゐたまへりけるを，かたちのいとめでたくおはしければ，盗みて負ひて出でたりけるを，御兄人堀河の大臣，太郎国経の大納言，まだ下らふにて内へまゐりたまふに，いみじう泣く人あるを聞きつけて，とどめてとりかへしたまうてけり．（伊勢物語　6）〈この話は，二条の后が従姉妹の女御の許にお仕えするような形でおいでになったが，とても美人でいらっしゃったので，【男が】盗み出して背負って出ていったところが，后の兄，堀河大臣基経，長男の国経大納言が，まだ位も低くてて参内されている折に，ひどく泣いている人がいるのを聞きつけて，引きとどめて取り返しなさったのだ〉

まず，「かたちのいとめでたくおはしければ」の主語は「二条の后」であり，文末の「聞きつけて，とどめてとりかへしたまうてけり」の主語は「御兄人堀河の大臣，太郎国経の大納言」である．これに対して，「盗みて負ひて出でたりけるを」の主語は明示されていないが，文脈から「男」であると判断できる．

(3) はだか格

格助詞が用いられていない場合を「はだか格」ということがある．主格「が」[7]や目的格「を」が明示されないことが多い．

 例）十月のつごもりがた，菊の花移ろひ盛りなるに，紅葉のちぐさに見ゆる折，親王たちおはしまさせて，夜ひと夜酒飲みし遊びて，夜明けもてゆくほどに，この殿のおもしろきをほむる歌よむ．（伊勢物語　81）〈十月の末頃，菊の花が

---

[7] 助詞「が」は古くから連体節における主語を表すことはあるが，文の言い切りの述語に対応する主語を表すようになるのは平安時代末頃からである（→ 6.2「が」補説 a）．

薄紅色に変わり，美しさが盛りであるうえに，親王たちをお招きして，一晩中酒を飲み，音楽を楽しみ，夜が明けて行くころに，人々はこの御殿が風流であることを称賛する歌を詠む〉

　上の「親王たち」は使役の主体か，使役される対象か，はっきりしない．主格を表す「が」は 11 世紀末前後に生じるので，古典作品の多くでは格関係が助詞によって明示されないことが多い．上の場合は，大勢の人を集めることを言い表すという文脈であり，また，使役の主体が複数であるというのも奇妙であるから，ここは「親王たちを」とあるべきものと判断される．

(4)「は」の主題化

　係助詞「は」はどのような格関係にあるものを主題化したのか，文脈の上で理解しておく必要がある．
　　例）それらは，殿上人の見のこす少なかなり．（紫式部日記）〈それらの（美しい）人は，殿上人がそのまま放っておくことが少ないのです．〉
　「それらは」は「それらを」という表現に相当するもので，「見のこす」の目的語となるものである．では，次の文には「は」が二度用いられているが，そのそれぞれについて考えてみよう．
　　例）まいて，かばかり濁り深き世の人は，なほつらき人はつらかりぬべし．（紫式部日記）〈まして，これほどに濁り深い世俗の人は，やはりこちらにつらく当たる人には，こちらもつらく出るのが当然でしょう〉
　まず，述語「つらかり」の主語に当たるのは「かばかり濁り深き世の人」である．そして，「つらし」という，つらくて恨めしく思う気持ちが向けられる対象が「なほつらき人」である．これは補格に相当するものである．

練習問題 79

次の下線部の主語は何か（誰か），答えなさい．
(1) むかし，東の五条に大后の宮（＝藤原順子）おはしましける，西の対に住む人（＝藤原高子）ありけり．それを本意にはあらで心ざし深かりける人，行きとぶらひけるを，正月の十日ばかりのほどに，ほかに隠れにけり．（伊勢物語 4)
(2) （左大臣藤原道長が）「三位の亮（＝藤原実成），かはらけ[8]とれ」などあるに，侍従の宰相（＝実成）立ちて，内の大臣（＝内大臣藤原公季，実成の父）のおはすれば，下より出でたるを見て，大臣（＝公季）酔ひ泣きしたまふ．（紫式部日記）

---

[8]「かはらけ」は〈素焼きの杯〉のこと．

(3) をとこ，宮仕へしにとて，（女との）別れ惜しみて行きけるままに，三年来ざ
りければ，待ちわびたりけるに，いとねむごろに言ひける人に，今宵会はむと
契りたりけるに，このをとこ来たりけり．（伊勢物語　24）
(4) 　春宮の御方（＝明石女御）は，実の母君（＝明石の君）よりも，この御方
（＝紫の上）をばむつましきものに頼み聞こえたまへり．いとうつくしげにお
となびまさりたまへるを，思ひ隔てず，かなしと見たてまつりたまふ．（源氏物
語　若菜上）

8.5　修飾成分の解釈

「を」「に」が格助詞であるか接続助詞であるかは，文脈から判断するしか方法はない．意味の上で，述語の意味内容を補充する場合には格助詞，前後の叙述をつなぐ働きをする場合には接続助詞となる．その場合，後ろにくる動詞との間で，意味的にかかわるか，格関係を有するかどうかを見極める必要がある．

(1)「に」の場合
例）五人の中に，ゆかしき物を見せたまへらむに，御心ざしまさりたりとて仕う
まつらむと，そのおはすらむ人々に申したまへ．（竹取物語）〈五人の中で，私
が見たい物を見せてくださるような方に，『愛情がまさっている』としてお仕
え申し上げましょう」と，そのいらっしゃる方々に申してください〉

「御心ざしまさりたりとて」は引用であるから，これを除くと，「五人の中に，ゆかしき物を見せたまへらむ（もの）に，仕うまつらむ」となる．そして，その活用する語に「もの」を補うと，〈五人の中で見たいものを見せてくださる人〉に「仕うまつらむ」と解釈することができ，意味が分かりやすくなる．従って，この「に」は格助詞である．

例）忍びて，よろしき日みせて，母君の，とかく思ひわづらふを聞き入れずして，
弟子どもなどにだに知らせず，心一つに起ち居，輝くばかりしつらひて，十
三日の月のはなやかにさし出でたるに，ただ「あたら夜の」と聞こえたり．
（源氏物語　明石）〈（明石の入道は）そっと吉日を調べて，母君がいろいろ心
配して躊躇するのを聞き入れないで，弟子たちにさえ知らせないで，自分の
一存で世話をやき，輝くばかりに家を装飾して，十三日の月が美しく照って
いる時に，ただ一言「あたら夜の」と申し上げた〉

「十三日の月のはなやかにさし出でたる（とき）に」というように，「に」の前に「とき」を補い，〈月が照った〉時に「……」と申し上げたという解釈は意味が通る．したがって，これは条件や単純接続を表すものではなく，動作の行われる時を表す用法として格助詞として理解される．

例)「何ごとぞや．童女と腹立ちたまへるか」とて，尼君の見上げたるに，すこし
　　おぼえたるところあれば，「子なめり」と見たまふ．（源氏物語　若紫）〈「どう
　　したの．童女とけんかをなさったの」と言って，尼君の見上げている顔立ちに，
　　少し似ているところがあるので，「その子どもであるようだ」と御覧になる〉

「おぼえたるところあれば」，すなわち〈似ているところがあるので〉という表現では，何が何に似ているかを判断しなければならない．ここでは，幼い女の子が，〈尼君であって，その子を見上げている（の）〉に似ているという文脈である．この場合も「の」（この形式名詞は「顔立ち」と言い換えることもできる）を補うと意味がわかりやすくなる．したがって，上の「に」は格助詞となる．

このように，活用語の連体形と「に」の間に「もの」「とき」「の」「こと」などの体言を補うと意味がわかりやすくなる場合，その「に」は格助詞である．

例)よそのものに思ひやらむほどの心の闇，おしはかりたまふに，いと心苦しけ
　　れば，うち返しのたまひ明かす．（源氏物語　薄雲）〈他人の養女として遠くか
　　ら思いやるような時の母親の心惑いを推測なさると，とても気の毒なので，
　　繰り返し安心するように言って夜を明かす〉

上の「に」は「もの」「とき」「の」などを補っても意味が通らない．したがって，この「に」は，後ろの動詞に対する格を表すものではないから，接続助詞である．「に」を「と」「ので」「のに」「が」などで言い換えると意味がわかりやすくなる場合は，接続助詞である．

例)渡し守，「はや船に乗れ，日も暮れぬ」といふに，乗りて渡らむとするに，（伊
　　勢物語　9）〈船頭が「早く船に乗りなさい，日も暮れてしまう」と言うので，
　　乗って川を渡ろうとするが〉

(2)「を」の場合

例)袖ひちて結びし水のこほれるを春立つけふの風やとくらむ（古今集　2）〈（夏
　　に）袖をぬらして手ですくった水の（冬の寒さで）凍っていたのを，立春で
　　ある今日の風が融かしているのだろうか〉

〈水の凍っていた（の）〉を風が融かすというように，形式名詞「の」を補うと意味が通る．したがって，この「を」は格助詞である．

例)年ごろ，あひ馴れたる妻，やうやう床離れて，つひに尼になりて，姉の先立
　　ちてなりたる所へ行くを，男，まことにむつましきことこそなかりけれ，今
　　はと行くを，いとあはれと思ひけれど，貧しければ，するわざもなかりけり．
　　（伊勢物語　16）〈長年親しみあった妻が，次第に夫婦の語らいもしなくなり，
　　とうとう尼になって，姉が先に尼になっている所へ行くのだが，これを見て
　　夫は本当に仲良くしたことはなかったが，今はお別れしますと言って出てい
　　くのを，とてもしみじみと愛しく思ったが，貧しかったので，何もしてやれ

なかった〉

　後者の「今はと行くを」に「の」を補うと，「今は」と言って出ていくのを「いとあはれと思」うというように意味がわかりやすくなるから，格助詞である．前者の「所へ行くを」は「行く」と「を」の間に体言を補っても意味が通じない．むしろ，〈行くのだが〉というように「が」で言い換えると，単純接続の用法として理解できる．したがって，接続助詞である．

【補　説】
　a 《接続助詞と格助詞》接続助詞「が」「を」「に」はもともと格助詞から転じたものであるから，格助詞としての本来の用法を色濃くもっている場合が少なくない．
　　例）唐土に許由といひつる人は，さらに身にしたがへる貯へもなくて，水をも手して捧げて飲みけるを見て，なりひさこといふ物を人の得させたりければ，ある時，木の枝に掛けたりけるが，風に吹かれて鳴りけるを，かしかましとて捨てつ．（徒然草　18）〈中国で許由といった人は，まったく身についた貯えもなくて，水さえも手ですくって飲んでいるのを見て，瓢簞という物を人が与えたところ，ある時，木の枝にかかっていた瓢簞が，風に吹かれて鳴ったのを，やかましいと思って捨ててしまった〉
　　「木の枝に掛けたりけるが」は〈……ところ，それが〉，「風に吹かれて鳴りけるを」は〈……ので，それを〉というように，格関係を表すとも解釈できる場合もあって，両者を峻別することが困難なこともある．体言を補うと，下の述語との間に格関係が生じていると解釈できるものは一応格助詞とするが，分析の主眼はもとより文脈の正しい読解にある．
　b 《接続助詞「も」》「も」の接続助詞の用法は平安時代にはわずかしか見えない．
　　例）内裏へ参らむと思ひつるも出で立たれず．（源氏物語　橋姫）〈宮中に参内しようかと思いになったけれど，お出かけになれない．〉

練習問題 80

次の下線部の「に」「を」の意味を文法的に説明しなさい．
(1) 夕日のいとはなやかにさしたるに桜の花残りなく散り乱る．（更級日記）
(2) 守がらにやあらむ，国人の心の常として，「今は」とて見えざなるを，心ある者は恥ぢずになむ来ける．（土佐日記）
(3) その河のほとりに群れ居て思ひやれば，限りなく遠くも来にけるかなとわびあへるに，渡守「はや舟に乗れ．日も暮れぬ」と言ふに，乗りて渡らむとするに，皆人ものわびしくて，京に思ふ人なきにしもあらず．（伊勢物語　9）
(4) 家にても，宮仕へ所にても，会はでありなむと思ふ人の来たるに，そら寝をしたるを，我がもとにある者，起こしに寄り来て，いぎたなしと思ひ顔にひきゆるがしたる，いとにくし．（枕草子　にくきもの）

■ コ ラ ム　　文法要語略解

①文法の単位
文章……あるまとまった思考や感情などを，一つ以上の文で表現したもの．
文……あるまとまった意味内容(思考や感情など)を表し，終わりが言い切りになる（表記した場合「．」で終わる）一つづきのことば．
文節……文を，自然な表現として最も小さく区切った場合の単位．二つ以上の文節がつながって，文節相当の働きをするものを連文節という．
語……意味をもち，文において一定の用法をもつ最小の単位．単語とも．

②文の成分(文節が，文を組み立てる上で文中で果たす役割)
主語……「何が何だ」「何がどうする」「何がどんなだ」という場合の「何が」があたる語や文節．
述語……「何が」に対して「何だ」「どうする」「どんなだ」にあたる語や文節．主語と述語をもつ構造体を節という．
修飾語……主語や述語などの文節の意味内容を，より詳しく限定する語や文節．修飾される語や文節(被修飾語)の性質に応じて，体言を修飾する連体修飾語，用言を修飾する連用修飾語に分けられる．
接続語……前の文・文節を受け，後ろの文・文節に対して条件や理由などの意味関係で前後の文・文節をつなぐ文節．条件や理由などを表す文節(連文節)を連用修飾語，接続詞を独立語と見て，接続語を認めない考え方もある．
独立語……他の文節と直接の関係を持たず，独立した働きをする文節．
並立語……複数の文節が対等の関係で表された文節．対等語とも．
補助語……述語の中で，具体的な意味を有する文節(被補助語)に付いて，その意味を補ったり付属的な意味を添えたりする文節．おもに補助動詞からなる．

③語に関するさまざまな名称
複合動詞……複数の語からなる動詞．「消え残る」のように動詞連用形に，「旅立つ・近づく」のように名詞・形容詞語幹につくものなどがある．狭義では前者の類を指し，意味が実質的か付属的かの組み合わせによって，「実質的＋実質的」(行き来)，「実質的＋付属的」(思し召す)，「付属的＋実質的」(打ち騒ぐ)などに分類される．また，いずれも本来の意味から転じたもの(例：接頭語「うち」，伸びる意の「延ふ」からなる，ずっと心を寄せる意の「打ち延ふ」)もある．
畳語……「山々」「行く行く」など，同じ語が結合したもの．
接頭語……それだけで単独に用いられることがなく，常に他の語に付いて何らかの意味を添加する働きをもつ語構成要素である接辞のうち，他の語の前に付くもの．「お寺・か弱い・打ち消す」などの「お・か・打ち」の類．
接尾語……接辞のうち，他の語の後ろに付くもの．意味を添えるだけでなく，その文法的機能によって品詞を転成させる．「暑さ・春めく・大人し」などの，名詞を派生する「さ」，動詞を派生する「めく」，形容詞を派生する「し」の類．
助数詞……接尾語の一つ．数を表す語に付いて特定の事物の数量であることを示す語．「ひとつ・ふたくみ・みたび」などの「つ・くみ・たび」の類．

④主要な文法的カテゴリー

格……体言または体言に準ずる語が，文中において他の語に対して有する関係．格助詞がなくても格は示される．ラテン語では主格・呼格・属格・与格・対格・奪格の6つがあるが，日本語では格助詞「が」は主格，「の」は属格，「に」は与格(補格)，「を」は対格(目的格)を示すなどと記述することがある．

主題……文の成分のうち，話し手が話題の中心的素材として取り立てる要素．主語が文における論理的関係を示す要素の一つであるのに対して，話し手が「〜はどうである(例：サンマは目黒に限る)」などと述べたてた場合の「〜は」にあたる類．

態……動詞の表す動作の主体や対象などの別を，文の中で主語・目的語など，どのような文の成分で表現するかにかかわる文法形式．ヴォイスとも．能動態に対する受動態，使役態，可能態などが認められる．

アスペクト……動詞の表す動きや変化が時間軸の上で進展していくなかで，特定の過程を取り立てて言い表す文法形式．開始・継続・終結などの局面を，たとえば現代語で「〜はじめる」「〜ている」「〜てしまう」などで言い表す類．古典語では助動詞の「たり」「り」や「ぬ」「つ」などがこれにかかわる．

時制……述べようとする事柄が，基準とする時点とどのような時間的前後関係にあるかを表す文法形式．テンスとも．一般には，過去・現在・未来に区別し，助動詞がその表現を担うとされる．古典語では，助動詞「き」「けり」が過去，「む」が未来を表すといわれるが，「む」の類は断定に対する推量を表すもので，時制を一義的に示すのではない．

モダリティー……話し手の，叙述内容に対する心的態度．話し手の，叙述内容に対する判断のあり方と，その伝達態度のあり方とに大別される．前者には断定・推量，後者には述べ立て(判断)・意志(勧誘)・命令・問いかけが分類されるという説などがある．その説によると，たとえば「品物が明日届く-だろう-か.」というように，推量(だろう)という叙述内容に対する判断のあり方を言い表した後に，問いかけ(か)という伝達態度が位置するという関係にあると言える．

陳述……構文論における基礎的概念の一つ．もと山田孝雄の用語で，「花は美しい」．という文において，主概念「花」と賓概念「美しい」とを結合統一する統覚作用を認め，その言語的な表明を陳述と呼んだ．その後，文を成り立たせる作用を指すものとして用いられてきたが，学説によってその概念はしばしば異なる．この概念に近いものとして，モダリティーがあげられる．

参 考 文 献
（代表的な辞書類・研究書・概説書を中心に）

○辞書・事典
『日本国語大辞典』（1976，2006［第2版］，小学館）．
『角川古語大辞典』（1999，角川書店）．
『時代別国語大辞典　上代 編』（1967，三省堂）．
『時代別国語大辞典　室町時代 編』（2001，三省堂）．
築島裕 編『古語大鑑』（2012～，東京大学出版会）．
『日本語学研究事典』（2007，明治書院）．
松村明 編『古典語現代語　助詞・助動詞の研究』（1969，学燈社）．
山口明穂・秋本守英 編『日本語文法大辞典』（2001，明治書院）．

○文法・文法史に関するもの
大槻文彦『広日本文典・同別記』（1897，吉川半七・三木佐助，1974，［復刻版］，勉誠社）．
山田孝雄『日本文法学概論』（1936，宝文館）．
山田孝雄『奈良朝文法史』（1912，1954［再版］，宝文館）．
山田孝雄『平安朝文法史』（1912，1952［再版］，宝文館）．
山田孝雄『平家物語の語法』（1954，宝文館）．
松下大三郎『改撰標準日本文法』（1928，紀元社．1974，［復刻版］，勉誠社）．
橋本進吉『新文典別記』（1931～39，富山房）．
松尾捨次郎『国語法論攷』（1936，文学社．1961［追補版］，白帝社）．
時枝誠記『古典解釈のための日本文法』（1950，1959［増訂版］，至文堂）．
石垣謙二『助詞の歴史的研究』（1955，岩波書店）．
此島正年『国語助詞の研究　助詞史素描』（1966，桜楓社）．
此島正年『国語助動詞の研究　体系と歴史』（1973，桜楓社）．
辻村敏樹『敬語の史的研究』（1968，東京堂出版）．
山口佳紀『古代日本語文法の成立の研究』（1985，有精堂）．
鈴木泰『古代日本語動詞のテンス・アスペクト』（1992，ひつじ書房）．
大野晋『係り結びの研究』（1993，岩波書店）．
『日本文法講座』『続日本文法講座』（1957～58，明治書院）．
『品詞別日本文法講座』（1972～73，明治書院）．
『研究資料日本文法』（1984～85，明治書院）．

○日本語・日本語研究の歴史に関するもの
亀井孝・大藤時彦・山田俊雄 編『日本語の歴史』（1963～66，平凡社）．
沖森卓也 編『日本語ライブラリー　日本語史概説』（2010，朝倉書店）．
古田東朔・築島 裕『国語学史』（1973，東京大学出版会）．

索　引

ア　行

アスペクト　146
あらまほし　49
あり　13
R 型　24

い（副助詞・上代）　117
い（間投助詞・上代）　117
イ音便　16
已然形　10
已然形結び　99
意味の派生　41
いろは歌　4
韻文　2
引用　133

V 型　24
ウ音便　16
受け手尊敬　120
歌枕　2
うべ（副詞）　62

縁語　2

おこと　29
おまへ　29
おもと　29
折句　2
音韻変化　4
音声言語　1
音便　12, 16, 20, 23, 62, 64〜66

カ　行

か（接続助詞）　104
か（終助詞）　113
が（格助詞）　77
が（接続助詞）　93

会話文　133
係助詞　99
係り結び　99
　　──の挿入　135
書きことば　1
カ行変格活用　15
格　75, 145
格関係　139
　　──を代行する連体修飾　76
確述　73
格助詞　76
確定条件　87
掛詞　2
かし（終助詞）　114
学校文法　7
活用　8, 15, 24
　　──の種類　11
活用形　8
活用語尾　8
仮定形　8
仮定条件　87
かな（終助詞）　113
がな（終助詞）　111
がに（接続助詞・上代）　117
がね（接続助詞・上代）　117
可能動詞　42
かは（係助詞＋係助詞）　101, 104
上一段活用　14
上二段活用　14
かも（終助詞）　113
から（格助詞）　84
からに（格助詞＋格助詞）　85
カリ活用　20
感動詞　36
間投助詞　115

き（助動詞）　51
聞き手尊敬　122

擬態語　33
貴殿　29
逆接　79, 87
逆接条件　35
逆態接続　35, 87
強意　80, 82
強変化　24
ク活用　18
ク語法　31
け（上代の形容詞活用語尾）　20
敬意　80
　　──の高低　132
敬語　118
　　──の助動詞　126
　　──の接辞　126
　　──の代名詞　126
　　──の動詞　125
　　──の表現形式　124
　　──の補助動詞　126
　　──の名詞　126
形式名詞　28
係助詞　99
軽卑　78
軽卑語　118
形容詞　18, 26
　　──の語幹　32
形容詞語幹の用法　19
形容詞連用形の注釈的用法　19
形容動詞　22
形容動詞語幹の用法　23
けむ（助動詞）　56
けら（「けり」, 上代の未然形）　52
けらし（「けり」＋「らし」）　52
けり（助動詞）　51
言語の単位　7

索　引

現在形の用法　24
謙譲語　43, 120

語　145
口語　1
恒常条件　87
構文と意味との関係　45
呼応のある副詞　34
語幹　8
　——の用法　19, 23
五十音図　4
こそ（係助詞）　105
こそ（終助詞）　111
古典語　1
ごと（「ごとし」の語幹）　69
ごとくなり（「ごとし」＋「なり」）　69
ごとし　68
御辺　29
固有名詞　28

サ　行

再帰代名詞　29
最高敬語　127
サ行変格活用　15
さす（助動詞）　42
さなり（「さ」＋「なり」）　67
さへ（副詞）　106
散文　2

し（副詞）　106
じ（助動詞）　50
シク活用　18
しけ（上代の形容詞活用語尾）　20
自敬表現　130
指示語　30
指示代名詞　30
指示副詞　33
時制　146
しぞ（副助詞＋係助詞）　106
実質名詞　28
して（格助詞）　86
して（接続助詞）　95
為手尊敬　119
しむ（助動詞）　42

下一段活用　13
下二段活用　13
弱変化　24
終止形　9
　——のアクセント　26
　——の挿入　135
　——の名詞的用法　21
終止法　9
修飾語　145
修飾成分の解釈　142
終助詞　109
主格　76, 77
主語　145
　——の無表示　139
主題　145
述語　145
順接　87
順接条件　35
準体助詞　75
順態接続　35, 87
準体法　9, 31
条件的接続　35, 87
畳語　145
小生　29
消息文　133
上代の已然形　20
上代の未然形　20
状態副詞　33
情態副詞　33
省略　137
序詞　2
助詞　75
助数詞　145
助動詞　38, 105
　——の意味による分類　38
　——の活用の型による分類　39
　——の接続による分類　39
自立語　6
心中思惟　134
す（助動詞）　42
す（助動詞・上代）　43
ず（助動詞）　49
数詞　28
ずけむ（「ず」＋「けむ」）　57
ずは（「ず」＋「は」）　49

すら（副助詞）　105

正格活用　12
節　145
接辞　145
接続詞　35
　——の語構成　37
接続助詞　35
接続と意味　108
絶対敬語　131
接頭語　145
接尾語　32, 145
選択　36
前提条件　87
そ（終助詞）　111
ぞ（係助詞）　102
ぞ（終助詞）　112
挿入　135
ぞかし（「ぞ」＋「かし」）　114
促音便　16
尊敬　77
　——の用法　41
尊敬語　119
尊大表現　131

タ　行

態　146
待遇表現　118
体言　28
体言化　31
対等語　145
対等的接続　36
代名詞　28
たし（助動詞）　48, 57
だに（副助詞）　105
たまふ（下二段活用・上代）　130
たり（助動詞・連用形接続）　55
たり（助動詞・連体形接続）　66
タリ活用　22, 23
単語　6
単純条件　87
断定　77

中止法　9
注釈的用法　19
注釈副詞　33
陳述　146
陳述副詞　34

つ（格助詞）　77
つ（助動詞）　53
つつ（接続助詞）　96
つらう（「つ」+「らう」）　57

て（接続助詞）　94
で（接続助詞）　95
程度副詞　33
丁寧語　122
手紙文　133
てしが（終助詞）　110
ては（「て」+「は」）　101
添加　36
転換　36
てんげり（「つ」+「けり」）　52, 54
転成名詞　32

と（格助詞）　81
と（接続助詞）　90
ど（接続助詞）　91
動詞　11, 24
動詞活用の史的変遷　25
倒置　137
時の副詞　33
独立語　36, 145
とて（格助詞）　82
とも（接続助詞）　90
ども（接続助詞）　90

ナ　行

な（格助詞）　77
な（終助詞・上代）　111
な（終助詞・禁止）　112
ながら（接続助詞）　96
ナ行変格活用　12
など（副助詞）　108
なむ（係助詞）　103
なむ（終助詞）　109
なも（係助詞）　103

なも（終助詞）　109
なり（助動詞・終止形接続）　65
なり（助動詞・連体形接続）　66
ナリ活用　22, 23

に（格助詞）　79, 142
に（接続助詞）　91, 142
に（終助詞）　111
に（「ず」連用形・上代）　49
にしが（終助詞）　110
二重尊敬　127
にて（格助詞）　85
二方向に対する敬意　128
人称代名詞　29
人称と意味　45, 62, 63

ぬ（助動詞）　53
ぬか（「ず」連体形+「か」）　113

ね（終助詞・上代・願望）　111

の（格助詞）　76
のみ（副助詞）　107

ハ　行

は（係助詞）　100
は（終助詞）　113
ば（接続助詞）　89
ばかり（副助詞）　107
はさみこみ　135
橋本進吉　7
はだか格　140
撥音便　16
　　──の無表記　49
話しことば　1
「は」の主題化　141
はも（「は」+「も」）　114
はや（「は」+「や」）　114
ばや（終助詞）　109
反実仮想　64
反照代名詞　29

人代名詞　29
品詞　6

品詞分類　6

ふ（助動詞・上代）　56
複合動詞　15, 145
副詞　33
副助詞　105
付属語　6, 38
普通語　118
普通名詞　28
不変化型　72
文　145
　　──の成分　7
文語　1
文章　144
文節　145

へ（格助詞）　81
並立語　145
並立助詞　75
並列　36
べか（ん）めり（「べし」+「めり」）　74
べからむ（「べし」+「む」）　74
べかりつ（「べし」+「り」+「つ」）　73
べきな（ん）めり（「べし」+「なり」+「めり」）　74
べけむ（「べし」+「む」）　62
べし（助動詞）　61
べらなり（「べし」+「ら」+「なり」）　62
変格活用　12

補助活用　20, 49
補助語　145
補助動詞　16
本活用　20
本歌取り　2
本動詞　17

マ　行

枕詞　2
まし（助動詞）　46
まじ（助動詞）　50, 63
ましか（「まし」已然形）　47
ましじ（助動詞・上代）　64

まで（副助詞）108
まほし（助動詞）48, 58
まろ 29

未然形 8
見らむ（「見る」＋「らむ」）60

む（助動詞）44
むず（助動詞）44
結びの消滅 138
結びの流れ 138
むずらむ（「むず」＋「らむ」）45
むに（接続助詞）92

名詞 28
名詞法 9
命令形 10
めや（「む」＋「や」）104
めやも（「む」＋「や」＋「も」）104
めり（助動詞）64, 74

も（接続助詞）97, 144
も（係助詞）101
も（終助詞）114
もが（終助詞）111
もがな（終助詞）110
目的語の無表示 139
もこそ（「も」＋「こそ」）102
文字言語 1
もぞ（「も」＋「ぞ」）102
モダリティー 146
ものから（接続助詞）98
ものの（接続助詞）97

ものゆえ（接続助詞）98
ものを（接続助詞）98

ヤ 行

や（係助詞）103
や（間投助詞）115
やうなり 69
やは（「や」＋「は」）103

ゆ（格助詞）83
ゆ（助動詞・上代）41
誘導副詞 34
ゆり（格助詞）83

よ（格助詞）83
よ（間投助詞）115
用言 8
四段活用 12
より（格助詞）83, 85

ラ 行

らう（助動詞・鎌倉）60
ラ行変格活用 13
らし（助動詞）58
らしき（「らし」連体形，上代）59
らむ（助動詞）59
らゆ（助動詞・上代）41
らる（助動詞）40
らん（助動詞）60

り（助動詞）55

る（助動詞）40

歴史的仮名遣い 3
列叙的接続 87
連語の助動詞 71
連体形 9
　——のアクセント 26
連体形結び 99
連体詞 35
　——の語構成 37
連体修飾語 9, 35
連体修飾法 9
連体止め 9, 26, 32
連文節 145
連用形 9
連用修飾語 9, 33
連用修飾法 9

ろ（間投助詞・上代）117

ワ 行

わ（間投助詞・上代）117
和歌の修辞法 2
わらは 29

ゑ（間投助詞・上代）117

を（格助詞）78, 143
を（接続助詞）92, 143
を（間投助詞）115
をして（「を」＋「して」）87
をば（「を」＋「は」）101

「ん」の発音 4

編著者略歴

沖森卓也(おきもりたくや)

1952年　三重県に生まれる
1983年　東京大学大学院人文科学研究科
　　　　国語国文学専門課程修士課程修了
現　在　二松学舎大学文学部教授
　　　　博士（文学）

日本語ライブラリー
古典文法の基礎

定価はカバーに表示

2012年3月30日　初版第1刷
2023年3月25日　　　第5刷

編著者　沖　森　卓　也
発行者　朝　倉　誠　造
発行所　株式会社　朝　倉　書　店

東京都新宿区新小川町6-29
郵便番号　162-8707
電　話　03(3260)0141
ＦＡＸ　03(3260)0180
https://www.asakura.co.jp

〈検印省略〉

Ⓒ 2012〈無断複写・転載を禁ず〉　　　教文堂・渡辺製本

ISBN 978-4-254-51526-8　C 3381　　　Printed in Japan

JCOPY <出版者著作権管理機構　委託出版物>

本書の無断複写は著作権法上での例外を除き禁じられています．複写される場合は，そのつど事前に，出版者著作権管理機構（電話 03-5244-5088, FAX 03-5244-5089, e-mail: info@jcopy.or.jp）の許諾を得てください．

好評の事典・辞典・ハンドブック

脳科学大事典 甘利俊一ほか 編 B5判 1032頁

視覚情報処理ハンドブック 日本視覚学会 編 B5判 676頁

形の科学百科事典 形の科学会 編 B5判 916頁

紙の文化事典 尾鍋史彦ほか 編 A5判 592頁

科学大博物館 橋本毅彦ほか 監訳 A5判 852頁

人間の許容限界事典 山崎昌廣ほか 編 B5判 1032頁

法則の辞典 山崎 昶 編著 A5判 504頁

オックスフォード科学辞典 山崎 昶 訳 B5判 936頁

カラー図説 理科の辞典 山崎 昶 編訳 A4変判 260頁

デザイン事典 日本デザイン学会 編 B5判 756頁

文化財科学の事典 馬淵久夫ほか 編 A5判 536頁

感情と思考の科学事典 北村英哉ほか 編 A5判 484頁

祭り・芸能・行事大辞典 小島美子ほか 監修 B5判 2228頁

言語の事典 中島平三 編 B5判 760頁

王朝文化辞典 山口明穂 編 B5判 616頁

計量国語学事典 計量国語学会 編 A5判 448頁

現代心理学［理論］事典 中島義明 編 A5判 836頁

心理学総合事典 佐藤達也ほか 編 B5判 792頁

郷土史大辞典 歴史学会 編 B5判 1972頁

日本古代史事典 阿部 猛 編 A5判 768頁

日本中世史事典 阿部 猛ほか 編 A5判 920頁

価格・概要等は小社ホームページをご覧ください．